江苏革命文物保护和红色资源活化利用

魏 星◎著

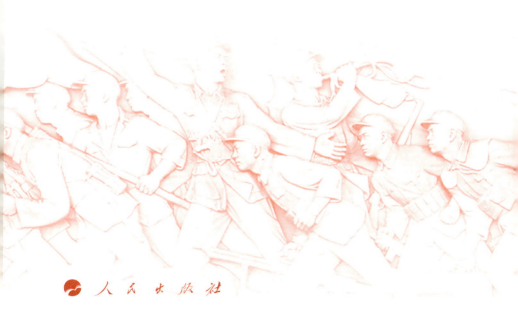

人民出版社

序

习近平总书记在江苏考察期间强调，要注意用好用活丰富的党史资源，使之成为激励人民不断开拓前进的强大精神力量。江苏大地革命历史悠久，是全国最早传播马克思主义、建立党组织的省份之一。长期以来的革命斗争为今天留下了数量众多、类别丰富的革命文物，其中很大部分已经成为宝贵的红色资源，基本囊括了革命、建设、改革开放和社会主义现代化建设、实现中华民族伟大复兴事业的不同历史阶段。如何进一步深耕、用活红色资源，凝练地方特色，探索育人新路，高等学校也大有可为。

江苏境内高校众多，人文底蕴深厚。在这些高等学府中，还有很多像南京大学这样，拥有光荣的革命传统和丰富的文物资源。尤其是近代以来的革命文物和红色资源，不仅见证了爱国师生为挽救民族危亡奔走呐喊的历史，更传承了在中国共产党的领导下爱国师生前赴后继的革命精神。我长期以来从事高等教育管理和研究工作，其中挖掘整理的大量红色校史资源无不是这一革命精神的真实记录和重要载体。看到魏星的书稿后，我自然而然联想到这一点，革命文物保护与红色资源利用，这的确是个很有意义的研究。魏星是我的硕士和博士研究生，在校

1

期间以中国史专业学习为主。近年来，她结合马院思政工作实际，关注新时代革命文物保护利用、革命文化弘扬传承的研究，本书就是这一研究的阶段性成果。本书对于江苏的革命文物和红色资源做了细致的梳理，重点探讨了革命文物保护与红色资源活化利用的主要做法和路径探索，并且通过具体的案例研究，展现了江苏在保护传承方面的先行先试。

高校是培养社会主义建设者和接班人的高地，处于社会思想文化和意识形态领域的前沿，承担着培养担当民族复兴大任时代新人的重要使命。近年来，围绕开展党史学习教育，江苏各大高校创新形式载体，不断丰富学习红色资源的内容与手段，引导青年学生传承红色基因。下一步还可聚焦江苏革命史上的重要地标、重大事件、典型人物，通过成立红色宣讲团、寻访红色地标、体验沉浸式课堂、组建校地"大思政课"实践教学基地联盟等，多项举措创新融合，分层推进，激励师生在特色活动中坚定理想信念，增强行动自觉。由此，考察地方高校在革命文物保护与红色资源活化利用中的重要作用与特色地位，期待作者可做进一步的研究与探索。

是为序。

2023 年 9 月于南京

目　　录

导　言 ……………………………………………………… 1

第一章　我国革命文物保护与红色资源活化利用的历程…… 5

　　第一节　我国革命文物保护的历程 ……………………　5

　　第二节　红色资源活化利用的历程 ……………………　22

第二章　江苏革命文物与红色资源的主要类别 …………… 32

　　第一节　江苏革命文物的主要分类 ……………………　34

　　第二节　江苏红色资源的主要类别 ……………………　78

第三章　江苏革命文物保护与红色资源活化利用的主要

　　　　　做法 ……………………………………………　92

　　第一节　注重整体布局,加强革命文物红色文化

　　　　　　资源系统保护 ……………………………………　93

　　第二节　实施重点工程,改善红色资源保存状况 ……　109

　　第三节　细化文保修复规范,提升革命文物保护

　　　　　　科研能力 ……………………………………　119

第四章 江苏革命文物保护与红色资源活化利用的案例

　　　　研究·· 133

　　第一节 江苏革命文物保护相关案例·············· 133

　　第二节 江苏红色资源活化利用相关案例·········· 154

第五章 江苏革命文物保护与红色资源活化利用的路径

　　　　探索·· 176

　　第一节 保护革命文物 弘扬红色精神文化·········· 177

　　第二节 讲好革命故事 加强爱国主义教育·········· 189

　　第三节 发展红色旅游 助力文旅融合发展·········· 197

参考文献 ··· 207

后　记 ··· 209

导　　言

　　革命文物是我国革命历史的见证，也是党和人民在革命斗争中所创造的革命文化的物质载体，还是开展爱国主义教育和继承革命文化的重要依托，展现了近代以来中国人民英勇奋斗的壮丽篇章。将革命文物保护好和利用好，将革命文化传承发扬下去，已成为新时代文物工作的一项重要任务。

　　江苏省拥有丰富的革命遗址和文物资源，在革命文物的保护传承与红色资源的活化利用上具有先天的历史优势和区域特长。作为淮海战役中心的徐州、瞿秋白故居所在地常州、周恩来故居所在地淮安、新四军盐阜区抗日阵亡将士纪念塔所在地盐城，见证了中国旧民主主义革命和新民主主义革命时期诸多重要历史人物和事件，展示了江苏红色文化资源的丰富谱系，见证了自 1840 年以来江苏大地上波澜壮阔的革命历史。近年来，在加大文物保护力度的同时，江苏积极推进文物合理适度利用，做了大量文物保护利用工作，积极探索让文物"活"起来，深入探索文物资源活化利用，使文物保护成果惠及人民群众。

目前国内外研究中多为革命文物遗址保护利用的宏观研究与探索,具体到江苏地区革命文物和红色资源的整体相关研究较少。主要有以下成果:卢世主、朱昱《革命文物保护利用研究的现状与进展》一文聚焦革命文物保护利用实践经验的总结和完善革命文物保护与利用的机制与体制的研究,通过对革命文物保护利用实践经验与机制体制现状及进展的梳理,分析了革命文物保护研究的三个层次,对革命文物研究的热点与发展趋势进行了探讨。① 于珍、孟国祥在《江苏革命遗址的保护和利用》中界定了革命遗址是中国革命历史的实物见证,是进行爱国主义和革命传统教育的重要载体。革命遗址包括重要机构旧址、重要历史事件及人物活动地、革命领导人故居、烈士陵园、纪念设施等。该文在此基础上概要介绍了江苏省的革命遗址保护与利用。② 孙丽莎在《南京市雨花台区红色文化资源的发掘与利用》中对雨花台区红色文化资源的调研和分析,按照"系统性、全面性、逻辑性、实用性进行整合和梳理,帮助红色文化资源从零散走向整合,从独立走向联结",从而更好地发挥其时代价值。③ 张章《浅论红色文物的保护、利用新途径——以渡江战役纪念馆为例》一文认为,由于多重因素的制约,在红色文物保护

---

① 卢世主、朱昱:《革命文物保护利用研究的现状与进展》,《江西师范大学学报(哲学社会科学版)》2020 年第 6 期。

② 于珍、孟国祥:《江苏革命遗址的保护和利用》,《档案与建设》2012 年第 1 期。

③ 孙丽莎:《南京市雨花台区红色文化资源的发掘与利用》,《今古文创》2021 年第 10 期。

中还存在诸多问题,需要进一步探索和解决。① 盛璆在《上饶市
革命遗址保护和利用的几点思考》中对江西上饶市的众多革命
遗址进行了整理研究,认为革命遗址是革命斗争的产物,凝聚着
深刻的内涵,蕴藏着丰富的历史信息,具有重要的历史价值、社
会价值、经济价值、教育价值。②

　　为进一步体现和展示江苏革命文物和红色资源在全国的重
要地位,以及在百年来的文化传承以及新时代创新的现实需求
中,革命文物和红色资源如何体现其独特的文化价值,本书对江
苏革命文物和红色资源进行了系统梳理、深度整合,在此基础上
进一步研究分析保护及活化利用,并试图构建完善江苏革命文
化传承与创新的科学路径,挖掘文化底蕴,强化文化标识,发挥
红色资源应有的社会教育功能,展示具有江苏特色的革命精神,
并为进一步实践与推广提供相关理论指导和借鉴。

　　本书主体部分包括五个章节。第一章"我国革命文物保护
与红色资源活化利用的历程",主要梳理了新中国成立以来革
命文物保护及红色资源活化利用概念的衍变及其发展历程,事
实上早在新民主主义革命时期中国共产党就非常注重征集和保
护革命文物,有力促进了红色文化的传承和发扬。第二章"江
苏革命文物与红色资源的主要类别",主要把革命文物分为不

① 张章:《浅论红色文物的保护、利用新途径——以渡江战役纪念馆为
例》,《文物鉴定与鉴赏》2020 年第 6 期。
② 盛璆:《上饶市革命遗址保护和利用的几点思考》,《党史文苑》2013 年
第 12 期。

可移动革命文物如革命旧址、遗址等,可移动革命文物,以及各级各类博物馆、纪念馆、档案馆等馆藏文物。而红色资源则分为精神类、人物类、文艺类等。第三章"江苏革命文物保护与红色资源活化利用的主要做法",主要探讨了江苏在规划中做好顶层设计,多角度、全方位部署全省革命文物和红色资源的保护和活化利用工作,包括注重整体布局,加强革命文物和红色文化资源系统保护;实施重点工程,改善红色资源保存状况;细化文保修复规范,提升革命文物保护科研能力;等等。第四章"江苏革命文物保护与红色资源活化利用的案例研究",主要从实际案例出发,探究了革命文物集中连片保护工程;将保护与开发利用相结合,拓展革命文物利用途径;充分挖掘文化内涵,提升革命文物陈列展览质量;创新革命文物传播方式,推进"互联网+革命文物"等江苏典型案例;以及文旅融合,创新红色旅游发展模式;推进红色资源与教育培训相结合;阐发革命精神,讲好革命故事等红色资源活化利用的新成果。第五章"江苏革命文物保护与红色资源活化利用的路径探索",主要由保护革命文物及弘扬红色精神文化的路径、助力高校思政教育的路径,以及助力经济发展的路径三个角度切入。

第一章 我国革命文物保护与红色资源活化利用的历程

第一节 我国革命文物保护的历程

一、革命文物的概念

我国是文物大国,文物资源丰富,蕴含着深厚的历史脉络。"革命文物"的概念早在1931年中央苏区政府文件中就已经出现,并于1937年毛泽东、朱德在延安联合签发《军委关于征集红军历史材料的通知》等一系列相关电令中,其内涵不断延伸和扩大。① 新中国成立前,各地逐步接管了当地文物机关,并开始了一系列整顿措施,整理旧文献古物,征集革命历史资料,搜集历史文物等,为革命文物保护做了很多基础性的工作。

新中国成立后,1950年6月16日,中央人民政府政务院发

---

① 李晓东:《中国保护近现代文物理论与实践》,《中国文物科学研究》2008年第3期。

布《政务院征集革命文物令》，体现了新中国成立初期党对于革命文物保护工作的重视。它明文规定"革命文物之征集，以五四以来新民主主义革命为中心，远溯鸦片战争、太平天国、辛亥革命及同时期的其他革命运动史料"，并举例说明了属于"革命文物"的具体内容，包括"秘密和公开时期之报章、杂志、图书、档案、货币、邮票、印花、土地证、路条、粮票、摄影图片、表册、宣言、标语、文告、年画、木刻、雕像、传记、墓表；革命先进和烈士的文稿、墨迹及用品，如：兵器、旗帜、证章、符号、印信、照像、衣服、日常用具等；以及在革命战争中所缴获的反革命文献和实物等"①。

2008年，国家文物局颁布的《关于加强革命文物的若干意见》对革命文物的含义作了更明确的规定，即"自1840年以来，中华民族为争取民族独立、实现伟大复兴而奋斗，特别是中国共产党领导下的新民主主义革命和社会主义革命与建设光辉历程的重要实物见证。革命文物包括各类与革命运动、重大历史事件或者英烈人物有关的，具有重要纪念意义、教育意义或者史料价值的近代现代重要史迹、实物、代表性建筑"。

革命文物是革命精神和红色文化的重要物质载体，以无声的形式向人民群众讲述着"红色政权是怎么来的、新中国是怎么来的、今天的幸福生活是怎么来的"。2018年，国家文物局印发《关于报送革命文物名录的通知》，指出："革命文物主要是指

---

① 《政务院发布命令　普遍征集革命文物》，《人民日报》1950年7月14日。

见证近代以来中国人民抵御外来侵略、维护国家主权、捍卫民族独立和争取人民自由的英勇斗争,见证中国共产党领导中国人民进行新民主主义革命的光荣历史,并经认定等级的实物遗存。对社会主义建设和改革时期彰显革命精神、继承革命文化的实物遗存,也纳入革命文物范畴。"这也是目前对革命文物最全面的定义。在该《通知》中,将革命文物分成了不可移动革命文物和可移动革命文物两部分。

"革命文物承载党和人民英勇奋斗的光荣历史,记载中国革命的伟大历程和感人事迹,是党和国家的宝贵财富,是弘扬革命传统和革命文化、加强社会主义精神文明建设、激发爱国热情、振奋民族精神的生动教材。"[①]加强革命文物保护利用,弘扬革命文化,传承红色基因,是全党全社会的共同责任。各级党委和政府要把革命文物保护利用工作列入重要议事日程,加大工作力度,要切实把革命文物保护好、管理好、运用好,发挥好革命文物在党史学习教育、革命传统教育、爱国主义教育等方面的重要作用,激发广大干部群众的精神力量,信心百倍为全面建设社会主义现代化国家、实现中华民族伟大复兴中国梦而奋斗。革命博物馆、纪念馆、党史馆、烈士陵园等要讲好党的故事、革命的故事、根据地的故事、英雄和烈士的故事,加强革命传统教育、爱国主义教育、青少年思想道德教育,把红色基因传承好,确保红色江山永不变色。这一重要指示为我们做好新时代革命文物工

① 《中共中央办公厅、国务院办公厅印发〈关于实施革命文物保护利用工程(2018—2022年)的意见〉》,《人民日报》2018年7月30日。

作提供了根本遵循和行动指南。

深入学习贯彻党的二十大精神,全面建设社会主义现代化国家、全面推进中华民族伟大复兴,要求我们从革命传统中汲取力量、从革命文化中汲取滋养,充分挖掘革命文物的丰富精神内涵,把革命文物保护好利用好,让革命文物"亮"起来、"活"起来、"热"起来。

二、革命文物保护的历程

1. 新民主主义革命时期(1919—1949年)

1919年五四运动爆发,标志着中国从旧民主主义革命走向了新民主主义革命。1921年中国共产党成立,接受当时共产国际的指导开始了领导中国的革命运动。在文化建设方面,中国共产党也同样受到了苏联"革命纪念碑"模式的影响。这种模式的最基本特征是通过设立历史纪念碑(馆),搜集革命烈士物品来陈列展示,以建立可持续的革命文化传统。

1931年中国共产党在江西赣南地区成立中华苏维埃共和国,临时中央政府发布的《中国工农红军优待条例》中明确规定:"(在战争中牺牲的红军遗物)在革命历史博物馆中陈列以表纪念"[①]。1933年中华苏维埃共和国建立第一个国家革命博物馆,向各根据地发出《征集革命纪念物品和胜利品的通令》。

1936年为编写《红军长征记》,毛泽东亲自起草并以和总政

---

① 中共中央文献研究室、中央档案馆编:《建党以来重要文献选编(一九二一——一九四九)》第8册,中央文献出版社2011年版,第726页。

治部负责人杨尚昆以联名的形式,发出了一封致各部队首长的电报和一封致参加长征同志的信件,广泛寻求长征史料。1937年在建军十周年之际,毛泽东和朱德在延安联名签发《军委关于征集红军历史材料的通知》,要求成立"红军历史征编委员会",在全党全军征集"各种纪念品⋯⋯纪念十年奋斗的红军",征集项目包括关于红军历史、战史、长征史的回忆记录、报纸、宣传品、书籍、旗帜、奖章、各类文件法令等。① 1946年,延安陕甘宁边区政府为筹建革命历史博物馆,通令各界搜集"革命历史文物"。华北高等教育委员会文物处委托北平历史博物馆向各方征集革命历史资料,截至1949年6月征集到部分珍贵文物,包括德胜门外第二监狱存放的李大钊同志殉难绞架等。② 这一时期的革命文物主要包括烈士遗物、手稿信件、报刊、标语、旗帜等馆藏类文物,大部分都是为配合各边区的革命博物(陈列)馆、纪念馆而征集的。这种在战争时期形成的"设立陈列(纪念)馆+征集革命遗物"的保护形式,成为我国保护革命文物的基本特征,一直延续到新中国成立以后。

2. 社会主义革命和建设时期(1949—1978年)

1949年10月1日新中国成立,中央人民政府把文物工作直接纳入国家的政府职能,统一管理,完全摆脱了民国时期仅依

---

① 《军委关于征集红军历史材料的通知》,中央档案馆编:《中共文书档案工作文件选编(1923—1949)》,档案出版社1991年版,第60—61页。

② 柏生:《北平历史博物馆征得不少革命史料》,《人民日报》1949年6月11日。

靠民间学术机构来调查保护文物古迹的局限。1950年2月,文化部文物局拟在本年内筹备成立革命博物馆,故而着手进行工作,并登报征集革命文物史料。各省市人民政府文教机关、革命文物保管收集委员会为配合国立革命博物馆之成立,亦征集到各种富有革命历史意义的文物。如上海革命文物收集委员会收到"中央博物院"移交的太平天国大玉玺二方,秋瑾烈士就义时绍兴府全部档案。福建省革命文物收集委员会收到中华苏维埃共和国时期文物史料等。此外还有宁波、武汉等地搜集的江西瑞金中央苏区时期的革命文物等。① 中央人民政府政务院随即颁布了禁止珍贵文物出口、保护古建筑、考古发掘、征集革命文物等一系列的命令、指示和办法,规定从中央到地方都设置了文物保护管理机构,开始了系统的大规模的文物保护管理工作。

1950年3月,党中央决定筹建中央革命博物馆,随后向全国发布了《政务院征集革命文物令》,要求全国各级人民政府普遍征集一切有关革命的文献与实物,并指定由中央人民政府文化部文物局革命博物馆筹备处办理联系事宜。各级人民政府、各机关、各社会团体等均应设立征集机构,缴交中央革命博物馆筹备处或各大行政区或省市文教主管机关集中保管,并开列清单报中央人民政府文化部决定处理办法。征集方式分捐赠、寄存、收购三种。对捐赠或寄存以上有珍贵价值的革命文物,由各级征集机构呈请地方政府或中央人民政府予以褒奖。这种保护

---

① 王毅:《筹建革命博物馆 文化部文物局征集文物史料 各省市已收到革命文物一批》,《人民日报》1950年2月21日。

工作模式与 1931 年赣南中央苏区如出一辙,这也是"革命文物"作为专门用语第一次出现在国家法令中。之后,全国及各地关于革命文物的各类指示和文章如雨后春笋般涌现,当时《文物参考资料》先后刊发数十篇"革命文物"相关文章。革命文物成为新中国文博事业中最重要的工作内容。《政务院征集革命文物令》还指出向中央人民政府文化部报请备案后,可在征集基础上筹设地方革命博物馆,或在原有博物馆内筹设革命文物陈列室,一切经费由地方开支,但须向中央人民政府文化部报请备案。①

　　该法令颁布后,各地建立了革命历史文献实物收集委员会,专门从事革命文物的征集和保护工作。后改名为文物管理委员会。各级博物馆也相继筹备并成立,在全国范围内初步建立了自上而下的系统的文物保护机构体系。1953 年,随着基本建设的恢复,中央人民政府政务院发布了《关于在基本建设工程中保护历史及革命文物的指示》,《指示》不仅明确了保护革命文物的责任主体为各级人民政府,而且革命文物范畴依据实际工作情况进行了扩展。不再局限于馆藏类文物,《指示》中第一次明确提出要保护革命建筑、革命纪念物,乃至古遗址、古墓葬等不可移动文物类型,为推动我国革命文物内涵扩展起到了积极作用。

　　1956 年,针对农业生产建设过程中出现的部分毁坏文物遗

---

　　①　《政务院发布命令　普遍征集革命文物》,《人民日报》1950 年 7 月 14 日。

迹等现象,国务院发布《关于在农业生产建设中保护文物的通知》,明确"在全国范围内对历史和革命文物遗迹进行普遍调查工作,各省、自治区、直辖市文化局应该首先就已知的古文化遗址、古墓葬地区和重要革命遗迹、纪念建筑物、古建筑、碑碣等提出保护单位名单,上报文化部汇总审核,并且在普查过程中逐步补充,分批分期地由文化部报告国务院批准,置于国家保护之列"。"一切已知的革命遗迹、古代文化遗址、古墓葬、古建筑、碑碣,如果同生产建设没有妨碍,就应该坚决保存"。在《通知》中,革命遗迹和古遗址、古建筑等一般历史文物同列,且放在首位。①

　　新中国成立初期这一系列政府法令的出台,为新中国的革命文物保护工作奠定了坚实的基础,发挥了重要的指导作用。据 1951 年 3 月统计,全国各地就已搜集到珍贵革命文物千余件,成为筹建革命博物馆的重要文物基础。② 此后数年间,全国各地革命文物保护工作朝气蓬勃地开展起来,通过配合土地改革运动、革命老区访问团、优抚革命烈士工作等方式,有效地为征集文物工作提供了便利,从而征集和抢救了一大批珍贵的革命文物。如 1953 年 7 月,福建省文物管理委员会和福建省博物馆筹备处,先后在该省革命老区搜集到革命文物 2400 多件,包

---

　　① 《国务院通知各地注意在农业生产建设中保护文物》,《人民日报》1956 年 4 月 22 日。

　　② 《中央人民政府文化部一九五零年全国文化艺术工作报告与一九五一年计划要点》,《人民日报》1951 年 5 月 8 日。

括各个革命时期的布告、宣言、法令、条例、奖章、土地证、货币、图书、武器以及革命先烈的照片、信札及其他遗物。其中特别珍贵的有：中华苏维埃共和国临时中央政府第一号布告、毛泽东和朱德亲笔签署的"红军第四军命令"、红军第四军汀漳龙联合赤卫队军旗、1928 年"土地问题决议案"复写本、第二次国内革命战争时期重要领导人的用品等。这些革命文物部分运交中央革命博物馆筹备处，以备建设博物馆之用。① 西北历史博物馆和陕西省文物管理委员会组织了陕北革命文物调查征集工作组，经过多方宣传，短短两个月时间就在陕北各地征集到革命文物400 余件，其中贵重历史文物 50 余件。②

在此基础上又举办了系列陈列展览及巡回展，出版了相关图书资料等，为文物政策法令的普及宣传作出了实质性的贡献。1955 年 1 月 23 日，重庆西南博物院举办川黔革命文物展览会。会上展出了 1934—1935 年中国工农红军经过黔北、川南时遗留的 290 多件革命文物，还有川陕老根据地的革命文物，包括1935 年 1 月遵义会议地址照片、毛泽东在遵义会议时所住过的房屋照片、红军抢渡乌江等地的照片，以及红军在战斗中使用的武器和物品等。③ 福建省革命文物收集委员会于 1950 年较早出版编撰了《福建省革命文物目录》。上海出版公司于 1952—1955 年先后整理出版了《太平天国革命文物图录》正编、续编、

---

① 《文化简讯》，《人民日报》1953 年 7 月 18 日。
② 《文化简讯》，《人民日报》1953 年 11 月 8 日。
③ 《重庆举办革命文物展览会》，《人民日报》1955 年 2 月 2 日。

补编,书中影印了这一时期抢救性搜集到的太平天国革命珍贵文物,包括印信、遗物、遗迹、碑刻、文书、诰谕、公据、官书、铜铁炮等。所录文物均附有详细说明,记录了文物尺寸、释文、保存或收藏处,以及发现的经过等。

这一时期不仅把革命文物的内涵从单一的馆藏类文物扩展到不可移动文物,而且明确提出了"革命建筑物、革命纪念物、革命遗迹"三种革命文物类型的概念,作为区别于古遗址、古墓葬、古建筑等一般历史文物,排在文物保护工作的首位。这些新的认识与发展,为第一部正式法律文件——《文物保护管理暂行条例》的出台打下坚实基础。

1961年国务院颁布《文物保护管理暂行条例》,总共18条。《条例》采用分类法,明确指出受国家保护文物的具体范围:"与重大历史事件、革命运动和重要人物有关的、具有纪念意义和史料价值的建筑物、遗址、纪念物等;革命文献资料以及具有历史、艺术和科学价值的古旧图书资料"。这是继1950年《政务院征集革命文物令》中提出"革命文物"一词后,对革命文物内涵及具体范畴的一次明确表述。革命文物可以整体归纳为"与革命有关的建筑物、遗址、纪念物"三类不可移动文物,以及"革命文献资料"一类馆藏类文物。与《条例》同时公布的第一批全国重点文物保护单位,不可移动类革命文物被概括为"革命遗址及革命纪念建筑物",位列国家文物名单的首位类型。

《文物保护管理暂行条例》中的文物分类方式和之前采用举例方式不同,它是借鉴了苏联1948年《文物古迹保护条例》

中的文物分类方式,尤其在"历史古迹"一类中都表述为"与重大历史事件、革命运动、伟大的爱国战争、社会主义建设有关",实物又都分为了"建筑物和纪念物"等。

文化部于 1963 年发布了《文物保护单位保护管理暂行办法》和《革命纪念建筑、历史纪念建筑、古建筑、石窟寺修缮暂行管理办法》,1964 年经国务院批准发布《古遗址、古墓葬调查、发掘暂行管理办法》。从这些配套法规的命名可以看出,1963 年文件中的"革命纪念建筑、历史纪念建筑、古建筑、石窟寺"和 1964 年文件中的"古遗址、古墓葬"在文物类型范围上合起来基本涵盖了 1961 年《文物保护管理暂行条例》中规定的不可移动文物类型。

从 1961 年到 1964 年,"一条例、三办法"的制定,初步形成了我国以《文物保护管理暂行条例》为核心的一整套文物法规体系。这一时期我国法律上对于"革命文物"的价值表述是"具有纪念意义和史料价值",而对于古遗址、古建筑、古墓葬和石窟寺等一般历史文物的价值表述是"具有历史、艺术和科学价值",价值认识上是有所区分的。新中国成立初期党对革命文物的重视与保护,有力促进了红色文化的传承和发扬,并且为现代博物馆事业奠定了坚实的基础。在此基础上,各地文物管理委员会和博物院(馆)等相继成立,极大地推动了新中国革命文物保护与文物事业的发展与繁荣。

3. 改革开放和社会主义现代化建设新时期(1978 年以后)

(1)颁布第一部《文物保护法》

改革开放后,我国文物事业重新启航。1982 年第一部《文物保护法》正式颁布。该法的总体思路仍是延续了 1961 年《文物保护管理暂行条例》的内容,在原 18 条的基础上扩展至 33条。从法律地位上,"革命文物"仍然是受国家保护的一种重要类型,与"一般历史文物(古文化遗址、古建筑、古墓葬)"有所区别。

其中第一章(总则)第二条规定:"在中华人民共和国境内,下列具有历史、艺术、科学价值的文物,受国家保护:……(二)与重大历史事件、革命运动和著名人物有关的,具有重要纪念意义、教育意义和史料价值的建筑物、遗址、纪念物;……(四)重要的革命文献资料以及具有历史、艺术、科学价值的手稿、古旧图书资料等";另第二章(文物保护单位)第七条规定:"革命遗址、纪念建筑物、古文化遗址、古墓葬、古建筑、石窟寺、石刻等文物,应当根据它们的历史、艺术、科学价值,分别确定为不同级别的文物保护单位"。

很明显看出,1982 年《文物保护法》中革命文物内涵与1961 年《文物保护管理暂行条例》内容如出一辙,即革命文物分为不可移动类的"革命遗址、纪念(建筑)物"和馆藏类的"革命文献资料";革命文物与一般历史文物类型(古遗址、古墓葬、古建筑、石窟寺等)相区别。与 1961 年《文物保护管理暂行条例》相比,1982 年《文物保护法》有两个明显的变化:

一是革命文物的价值表述除了延续"具有纪念意义和史料价值"之外,还增加了"具有教育意义"。这也与其"总则"第一条开宗明义地明确我国保护文物是为了"进行爱国主义和革命传统教育”的总目标相呼应。

二是提出了历史文化名城中"革命城市"的标准,即第八条规定除了"保存文物特别丰富,具有重大历史价值"之外,还提出"具有革命意义的城市"新标准。如果结合 1982 年第一批国家历史文化名城名单来看,延安、遵义就是符合"革命城市"的价值意义而入选首批国家历史文化名城。

1987 年国务院颁布的《关于进一步加强文物工作的通知》中首次出现将"近现代文物"和"革命文物"分别表述,但没有说明彼此的区别;有学者提出了"革命文物是否包括社会主义建设时期的文物"等问题①;1989 年中共中央宣传部和国家文物局联合召开的宣传工作座谈会上提出,革命文物是指 1840 年以来历次革命斗争的遗址、纪念性实物和遗物,是全部历史文物的重要组成部分。1996 年在国务院公布的第四批全国重点文物保护单位名单中,对于文物分类的名称和顺序发生了重大改变,原排在首位的"革命遗址及革命纪念建筑物"的分类被取消,取而代之的新类别"近现代重要史迹及代表性建筑"。采用"近现代重要史迹及代表性建筑"的分类一直延续至 2019 年最新公布的第八批全国重点文物保护单位名录体系中。从此,革命文物被纳入"近现代重要史迹"类型中。

（2）融入国际文物保护体系

改革开放不久,我国于 1985 年加入了《保护世界文化与自

---

① 　跃森:《革命文物涵义》,《中国博物馆》1988 年第 1 期。

然遗产保护公约》，1987年我国第一批6处文物古迹入选世界文化遗产。随后以《古迹遗址保护与修复的国际宪章》(《威尼斯宪章》)为代表的西方国际遗产保护的大量理论文件被引入国内，这对于一直立足本国、参照苏联模式建立的新中国文物保护传统产生了深刻影响。文物古迹作为全人类共同文明见证的价值逐渐被推崇，而文物的民族性和文化地域性被相对淡化，革命文物更多地融入"近现代史迹"的整体表述中。

2000年版《中国文物古迹保护准则》(以下简称《准则》)全面吸收了国际文化遗产保护理念，以《威尼斯宪章》精神为参照，在中国文物法律的框架下，把国际原则与中国保护实践的传统相结合。《准则》将我国文物古迹范畴涵盖为"古文化遗址、古墓葬、古建筑、石窟寺、石刻、近现代史迹及纪念建筑"六大类，革命文物可以理解为隶属于"近现代史迹及纪念建筑"类别。此外《准则》将"曾经发生过重大历史事件的纪念地"的保护单独列出，也可以认为是包括了革命遗址或革命纪念地的内涵。

2002年10月，第九届全国人大常委会第三十次会议通过了《文物保护法》(2002年修订)。此次修订是自1982年《文物保护法》颁布20年来最大程度的一次修订，条文总数从33条增加至80条。这一方面是改革开放20多年来文物工作和国际交流的经验总结，另一方面也为步入21世纪的中国文物保护工作确定新的指导和法律依据。

对比1982年版《文物保护法》，2002年修订对于"革命文物"的内涵和要求进行了调整。例如,第一章总则第二条(定义):"在中华人民共和国境内,下列文物受国家保护:……(二)与重大历史事件、革命运动或者著名人物有关的以及具有重要纪念意义、教育意义或者史料价值的近代现代重要史迹、实物、代表性建筑……(四)历史上各时代重要的文献资料以及具有历史、艺术、科学价值的手稿和图书资料等"。将1982年文物法中"(革命)建筑物、遗址、纪念物"统一修改为"近代现代重要史迹、实物、代表性建筑";将原(四)中的"重要的革命文献资料"改为"历史上各时代重要的文献资料";将原第七条文物分级中的"革命遗址、纪念建筑物"统一修改为2002年版第三条"近代现代重要史迹和代表性建筑"。

2002年修订后的《文物保护法》在革命文物内涵的认识上,一方面吸收借鉴了中国近现代史学的认识成果,从单纯的"革命文物保护"扩大到对"近现代史迹"全面保护,保护对象范围进一步扩大。另一方面通过积极申报世界遗产,我国文物保护不断融入西方国际遗产保护体系,从"文物保护"走向更为广阔的"文化遗产保护"。

继2002年大修订后,《文物保护法》又分别在2007年、2013年、2015年、2017年进行过四次小修正,其中并没有新增或调整"革命文物"的内容。不过在实际文物工作中,革命文物作为"近现代史迹和代表性建筑"的重要组成,在国务院公布的第六批(2006年)、第七批(2013年)和第八批(2019年)全国重点文物保护单位中,依然不断被列入名录并得到持续保护。

2012 年中国共产党第十八次全国代表大会召开,会议坚定了中国特色社会主义道路,提出了全面建成小康社会的目标。同年,国务院发布《支持赣南等原中央苏区振兴发展的若干意见》。2015 年抗日战争胜利 70 周年纪念期间,党中央又一次提出推进赣南原中央苏区等革命旧址的保护利用,时隔短短三年,党中央再次关注对原中央苏区革命文物保护工作,具有明确的指示意义。

2016 年是中国共产党建党 95 周年暨长征胜利 80 周年,3月《国务院关于进一步加强文物工作的指导意见》中要求"注重革命文物的维修保护,注重保护修复馆藏革命文物";5 月下发《中共中央办公厅、国务院办公厅印发〈关于加强革命历史类纪念设施、遗址和全国爱国主义教育示范基地工作的意见〉的通知》;6 月,国家文物局发布《关于加强革命文物工作的通知》,要求"夯实革命文物工作基础、切实加强革命文物保护工作、充分发挥革命文物的公共服务和社会教育作用",强调"革命文物是我国文物资源的重要组成部分,是激发爱国热情、振奋民族精神的深厚滋养,是弘扬革命传统、传承中华文化的重要载体"。

"十三五"规划也提出,"构建中华优秀传统文化传承体系,实现传统文化创造性转化和创新性发展……继承五四运动以来的革命文化传统。加强文物保护利用",明确从中国自身的发展中弘扬传统文化,强调对五四运动以来革命文化的继承与发扬。

2017 年党的十九大提出中国特色社会主义进入了新时代,

中国的科学社会主义道路实践已经焕发出强大生机,并提出了坚定"四个自信"的论断;革命文物作为我国科学社会主义道路实践的重要见证,其保护工作再次被强调。保护革命文物进入了一个新的重要发展时期。

在这个阶段,革命文物也被赋予了新定义。2018 年 7 月,中共中央办公厅、国务院办公厅联合印发了《关于实施革命文物保护利用工程(2018—2022 年)的意见》。《意见》提出新时代下革命文物保护的一些新的基本认识,要继续扩大革命博物馆、纪念馆免费开放,加强革命文物创意产品的开发,鼓励支持文化文物单位和社会力量参与革命文物创意产品的开发,并提高红色旅游发展质量,包括推出更多以红色文化为主题的研学旅行、体验旅游、休闲旅游项目等;2019 年 1 月,国家文物局印发了《革命旧址保护利用导则(试行)》;3 月,国家文物局公布革命文物保护利用第一批分县片区名单。9 月,国务院公布第八批全国重点文物保护单位,其中革命文物总体数量增加近 30%。

在这一背景下,2020 年国家文物局发布《文物保护法(修订草案)》(征求意见稿),条文数量从 80 条扩展到 107 条,其中革命文物被单独列出,第二条"文物范畴"新增了"(三)与中国共产党史、中华人民共和国史、改革开放史、社会主义发展史有关的重要史迹、实物、代表性建筑"。新的革命文物概念吸收了2018 年中共中央办公厅、国务院办公厅印发的《关于实施革命文物保护利用工程(2018—2022 年)的意见》中的新认识,即革命文物不仅仅是泛指 1840 年以来的反帝反封建的历史实证,而是更明确为"中国共产党史、中华人民共和国史、改革开放史、社会主义发展史"四个方面的历史实证。无论从对象范畴还是时间范畴都更加明确,在类型上革命文物与近现代文物同时并列。在此次新修订的征求意见稿中,不仅仅重新定义了革命文物的范畴,而且单独列为我国一种特定的文物类型。

第二节 红色资源活化利用的历程

一、红色资源的概念

"红色是中国共产党、中华人民共和国最鲜亮的底色,在我国 960 多万平方公里的广袤大地上红色资源星罗棋布,在我们党团结带领中国人民进行百年奋斗的伟大历程中红色血脉代代相传。每一个历史事件、每一位革命英雄、每一种革命精神、每一件革命文物,都代表着我们党走过的光辉历程、取得的重大成就,展现了我们党的梦想和追求、情怀和担当、牺牲和奉献,汇聚成我们党的红色血脉。红色血脉是中国共产党政治本色的集中体现,是新时代中国共产党人的精神力量源泉。"①党的二十大报告也强调,要弘扬以伟大建党精神为源头的中国共产党人精

---

① 习近平:《用好红色资源 赓续红色血脉 努力创造无愧于历史和人民的新业绩》,《求是》2021 年第 19 期。

神谱系,用好红色资源。

红色资源的范畴一般指的是在中国共产党为中国人民谋幸福、为中华民族谋复兴的历史进程中,形成的革命纪念地、革命遗址、革命文物等历史遗迹,颁布的革命政策、革命口号等制度层面,形成的革命信念、革命精神、革命品质等精神层面在内的蕴含宝贵精神财富的形态总和。红色资源是中国共产党领导人民进行革命、建设和改革的历史记载,反映着革命先辈的崇高革命精神,因而不但具有深刻的政治内涵、历史内涵,而且具有丰富的精神内涵和文化内涵。革命文物遗迹等红色资源保存了中华民族在革命与发展历程中形成的重要遗产,承载着近代以来中华儿女尤其是共产党人在奋斗实践中所创造的革命文化与崇高精神,不仅是标志中国近代革命文化的典型物质元素,也是党的百年光辉奋斗历程的生动教材。红色资源也是不可再生、不可替代的珍贵资源,保护是首要任务。推进红色文化资源活化利用,让红色基因代代相传,是为实现中华民族伟大复兴中国梦奠定精神基础的战略决策。

二、红色资源活化利用的历程

红色资源是我国珍贵的爱国主义教育资源,教育功能在红色资源活化利用中占有重要的位置。积极发展红色资源活化利用,寓思想政治教育于参观游览之中,有利于弘扬革命文化精神,传承红色文化基因,提高人们的思想道德素质,增强爱国主义教育效果。因此,要充分发挥"红色"这一最鲜亮底色的感染力和影响力去开拓红色资源活化利用途径。

红色资源活化利用的历程大致分为以下三个阶段：

1. 萌芽时期(1949—1978 年)

新中国成立后,红色资源活化利用处于萌芽阶段,主要以参观学习革命遗址遗迹为主,相关红色旅游事业并未被列入国民经济和社会发展的计划中,还没有按照经济学或旅游学的概念去经营。

1960 年 3 月,国务院公布第一批重点文物保护单位,其中包含 33 处革命纪念地和遗址。对红色资源的活化利用也仅限于参观这些重点文物保护单位,后者主要接待国内外参观访问者,起到宣传新中国成就、加强国际友好往来的作用。对于广大国内群众而言,对这些遗址遗迹的参观学习,尚不具备严格意义上的红色旅游属性。

2. 初步发展时期(1978—2002 年)

改革开放后,红色资源活化利用进入初步规模化发展阶段。1978 年 12 月,十一届三中全会召开,党的工作重心开始转向经济建设,并决定实行改革开放和逐步建立社会主义市场经济体制。旅游业开始向市场化转变,"红色旅游景区"概念产生。

改革开放以来,我国实现了从旅游短缺型国家到旅游大国的历史性跨越。红色资源活化利用作为一项社会系统工程,其中重要的方面就是伴随中国旅游业逐步发展起来的一种特色主题旅游,是具有政治、经济、文化、社会和生态等多重意义的带有鲜明中国特色的一项新创造。随着社会主义精神文明建设和社会主义文化事业的繁荣发展,以及革命纪念遗址的修缮与革命文化遗产的保护、红色经典景区的建设,红色旅游与红色基因的传承、红色价值的发挥相适应,与革命传统教育和老区脱贫致富相结合,呈现出蓬勃发展的态势。

1986 年 4 月,《中华人民共和国国民经济和社会发展第七个五年计划(1986—1990)》进一步提出,"要大力发展旅游业,增加外汇收入"。旅游事业被正式纳入了国民经济和社会发展计划,确立了旅游业在我国国民经济中的产业地位。旅游业的发展带动了一些特色旅游形式的出现,其中就包括以革命遗址及革命纪念建筑、爱国主义教育基地为主要依托,以传播革命文化、弘扬革命精神、进行爱国主义教育为主要内容,以促进革命老区经济发展为主要目的的主题旅游形式,可视为红色资源在旅游产业中的利用初期。

旅游业的发展改变了当地的经济结构和社会活动,红色资源特色旅游产生了一定的经济效益,以及良好的社会效益。随着红色旅游景区旅游服务设施的不断完善,主要革命纪念地加强宣传报道、旅游基础设施也予以完善,历史纪念活动和文艺演出也不断丰富,创造了前所未有的接待高峰。管理体制也由计划经济开始向市场经济体制转变,红色资源活化利用的形式和内容不断丰富。

这一阶段,抗日战争胜利 50 周年(1995 年)、新中国成立 50 周年(1999 年)、建党 80 周年(2001 年)等重大历史纪念活动,为红色资源活化利用的发展提供了新契机,注入了新动力。其中,爱国主义教育基地的建立凸显了红色资源活化利用的教育功能。爱国主义教育基地是提高全民族整体素质的基础性工程,是引导人们特别是广大青少年树立正确理想、信念、人生观、价值观,促进中华民族振兴的一项重要工作。1994 年 8 月,中共中央宣传部颁布了《爱国主义教育实施纲要》,论述了爱国主义教育的重要意义,提出了爱国主义教育的基本原则、主要内容、重点对象以及具体措施。根据这一《实施纲要》,1995 年 3 月,民政部在全国确定了第一批(100 处)爱国主义教育基地。1997 年 7 月,中宣部向社会公布了首批百个全国爱国主义教育示范基地,以此影响和带动全国爱国主义教育基地的建设。此次公布的 100 个示范基地中,有反映中华民族悠久历史文化内容的,也有反映近代中国遭受帝国主义侵略和我国人民反抗侵略、英勇斗争内容的,更多是反映现代我国人民革命斗争和社会主义建设时期内容的有 75 个。此后各地纷纷建立并公布了省、市各级爱国主义教育基地。这些爱国主义教育基地在激发爱国热情、弘扬民族精神、传承红色基因方面发挥了重要作用。

此外,"红色旅游"概念的提出也为红色资源活化利用指明了方向,各类著名的历史革命纪念地成为最具潜力的红色旅游目的地。红色旅游,主要是指以中国共产党领导人民在革命和战争时期建树丰功伟绩所形成的纪念地、标志物为载体,以其所承载的革命历史、革命事迹和革命精神为内涵,组织接待旅游者开展缅怀学习、参观游览的主题性旅游活动。1999 年 5 月,国务院公布了新的《全国年节及纪念日放假办法》,"黄金周"七天假期首次施行,极大促进了旅游业的发展。红色旅游也抓住了这个有利时机,得到了飞速发展。红色旅游的内容、形式和产品开始呈现多样化,传统的观光游览开始向参与和体验式旅游转变。

3. 高速发展时期(2002 年至今)

加强统筹谋划,积极探索创新,红色资源活化利用走上综合化发展的新路径。2004 年 12 月,中共中央办公厅、国务院办公厅印发的《2004—2010 年全国红色旅游发展规划纲要》(以下简称"一期规划")明确指出:红色旅游,主要是指以中国共产党领导人民在革命和战争时期建树丰功伟绩所形成的纪念地、标志物为载体,以其所承载的革命历史、革命事迹和革命精神为内涵,组织接待旅游者开展缅怀学习、参观游览的主题性旅游活动。"一期规划"就发展红色旅游的总体思路、总体布局和主要措施作出明确规定。"一期规划"指出,发展红色旅游,对于加强革命传统教育,增强全国人民特别是青少年的爱国情感,弘扬和培育民族精神,带动革命老区经济社会协调发展,具有重要的现实意义和深远的历史意义。发展红色旅游有利于加强和改进新时期爱国主义教育、有利于保护和利用革命历史文化遗产、有利于带动革命老区经济社会协调发展、有利于培育发展旅游业新的增长点。

人们因旅游"黄金周"的推动加深了对红色旅游的认识,广阔的红色旅游市场再加上国外客源量的增多,红色旅游迈进高速发展阶段。"一期规划"作为促进红色旅游发展的政策和纲领性文件在很大程度上扩大了红色旅游市场发展的可能性,并让中国红色旅游进入高潮。在 2004 年至 2009 年这几年的时间里,全国红色旅游接待游客总数已接近 10 亿人次,综合旅游收入已接近 4000 亿元。

在"一期规划"指导下,红色旅游景区积极挖掘红色旅游资源的深刻内涵,开始在资源整合方面努力,将当地的特色民俗、自然风光等与红色旅游资源结合到一起,红色旅游活动的内容、产品类型相应地变得多样化;红色旅游景区之间加强了区域合作,旅游景区从简单的区内合作走向跨区域联省合作。

同时,红色旅游景区采用分离产权和经营的现代企业管理制度,实行可持续性的旅游发展方式。各省区积极响应号召,纷纷推出新颖的红色旅游主题活动,如湖南省推出"中国红色之旅,百万共产党员韶山行",将红色旅游发展推向高潮。

2011 年 5 月,中共中央办公厅、国务院办公厅联合下发《2011—2015 年全国红色旅游发展规划纲要》(以下简称"二期规划")。"二期规划"明确提出了今后五年全国红色旅游发展的指导思想、基本原则、发展目标、主要任务及保障措施等,是指导今后五年红色旅游发展的纲领性文件,对进一步加快发展红色资源活化利用具有重要指导意义和重大现实意义。

"二期规划"以社会主义核心价值体系建设为根本,以爱国主义和革命传统教育为主题,遵循旅游产业发展规律,深入挖掘红色旅游思想文化内涵,不断丰富发展内容,积极创新发展方式,进一步增强红色旅游的时代感和现实感。"二期规划"坚持把社会效益放在首位,坚持统筹规划、突出重点,坚持实事求是、量力而行,坚持政府推动、多方参与,并进一步提出要坚持产业化发展方向,推动红色旅游与其他产业融合发展,坚持改革创新、提升发展质量。"二期规划"的发展目标:到 2015 年,列入全国红色旅游经典景区名录的重点景区基础设施和环境面貌全面改善,重要革命历史文化遗产得到有效保护,红色旅游宣传展示和研究能力明显增强,配套服务更加健全,广大人民群众参与红色旅游的积极性和满意度显著提升,综合效益更加突出。到 2015 年,全国红色旅游年出行人数突破 8 亿人次,年均增长 15%,占国内旅游总人次的比例提高到四分之一;综合收入突破 2000 亿元,年均增长 10%;累计新增直接就业 50 万人、间接就业 200 万人。

为了更好地发挥爱国主义教育基地的作用,在"二期规划"规划期间,中央决定将红色旅游内容进行拓展,将 1840 年以来的中国近现代历史时期,在中国大地上发生的中国人民反对外来侵略、奋勇抗争、自强不息、艰苦奋斗,充分显示伟大民族精神的重大事件、重大活动和重要人物事迹的历史文化遗存,有选择地纳入红色旅游范围,这就更有利于传承中华民族先进文化和优良传统。

2015 年 11 月 11 日,国家旅游局领导发表署名文章,充分肯定了红色旅游发展十年产生的巨大政治效益、社会效益和经济效益。文章强调指出,红色旅游十年发展打下了坚实的基础,未来十年要注重在"上层次、上品质"上做文章、下功夫。在红色旅游"二期规划"收官、编制"三期规划"的关键时期,在红色旅游优化升级的重要关头,国家旅游局鲜明提出红色旅游"上层次、上品质"的发展思路,这是国家旅游局全面总结红色旅游十年发展经验、准确研判当前形势和未来走势作出的重大战略判断,展示了服从服务国家战略的高度自觉和决策定力。

2016 年 12 月,中共中央办公厅、国务院办公厅印发《2016—2020 年全国红色旅游发展规划纲要》(以下简称"三期规划"),"三期规划"紧紧围绕党和国家工作大局,牢牢把握红色旅游本质特征,注重总结前期发展成果经验,突出时代特色,坚持实事求是,目标任务明确,工作重点突出,组织保障有力,是一幅旗帜引领、强化功能、全面推进的红色旅游发展蓝图和行动指南。"三期规划"确立的基本上是一条景区建设、市场形成、质量提升并全面推进的路子。

"三期规划"突出红色资源活化利用的主要功能、最大功能、核心功能是教育。"一期规划""二期规划"强调充分发挥红色旅游教育引导作用,"三期规划"提出着力凸显红色旅游教育功能,进一步突出了对红色旅游功能作用的聚焦和强化。红色旅游名为旅游,实为教育,教育功能的凸显,一以贯之地体现了习近平总书记关于红色旅游重要指示精神,也符合当下红色旅游发展实际。多年来,红色旅游在教育社会、引导人民方面的确起到了不小作用,但发展中存在的景区建设贪大求洋、陈列布展雷同单调、重硬件轻软件、红色文化挖掘不够、参观学习氛围不浓、吸引力不足、受众量不大等问题,归纳为一点,就是教育功能作用的发挥还远远不够。评价一个红色景区景点的建设,衡量一个地区红色旅游的发展,关键和根本是看教育功能发挥得如何。景区景点不论规模大小,只要能让人们怀着崇敬的心情走进去、充满感恩的心情走出来,就是成功的红色之旅、精神之旅、难忘之旅。

2019 年 11 月,国务院又印发了《新时代爱国主义教育实施纲要》,明确了新时代弘扬爱国主义精神的总体要求、基本内容、重点对象、实践载体、组织领导等,就是要确保爱国主义教育各项任务要求落到实处,凝聚起实现"两个一百年"奋斗目标的磅礴之力。爱国主义教育基地是开展爱国主义教育活动的主阵地,是激发爱国热情、凝聚人民力量、弘扬民族精神、传承红色基因的重要场所。根据《新时代爱国主义教育实施纲要》要求建好、用好爱国主义教育基地和国防教育基地,各级各类爱国主义教育基地,是激发爱国热情、凝聚人民力量、培育民族精神的重要场所,这为爱国主义教育基地确定了地位,明确了具体要求。

第二章　江苏革命文物与红色资源的主要类别

江苏是马克思主义在中国最早传播的几个省份之一,也是中国共产党最早建立支部、进行革命的几个省份之一。在之后的大革命时期、土地革命时期、抗日战争时期、解放战争时期、社会主义革命和建设时期,江苏的革命发展都扮演了重要的角色,留下了许多珍贵的历史遗存。在革命文化的长期浸润下,江苏保存了大量的革命文物与红色资源,而且范围遍及江苏全境,类别齐全,内涵丰富。

2021年,江苏省公布首批革命文物名录,包括不可移动革命文物447处,其中全国重点文物保护单位21处,省级文物保护单位69处,市县级文物保护单位357处;可移动革命文物8759件/套,其中国家一级文物337件/套,二级文物1217件/套,三级文物7205件/套①。2022年,江苏省公布了第二批革命文物名录。其中,不可移动革命文物43处,可移动革命文物227件/套。其中,国家一级文物9件/套,二级文物28

---

① 《江苏公布首批革命文物名录》,http://wlt.jiangsu.gov.cn/art/2021/4/22/art_694_9764599.html。

件/套,三级文物 190 件/套①。不过这远不足以展现江苏革命文物的全貌。以革命文物中的革命遗址为例,江苏现存革命遗址 1710 处,13 个地级市均有分布,其中南京市和南通市以 221 处并列榜首②。

2023 年 3 月 14 日江苏省文化和旅游厅公布的《江苏省红色资源保护利用条例(草案)》(征求意见稿)中,对红色资源做了详细的定义:"红色资源,是指中国共产党领导全国各族人民在新民主主义革命时期、社会主义革命和建设时期、改革开放和社会主义现代化建设新时期、中国特色社会主义新时代所形成的具有重要历史价值、纪念意义、教育意义的物质资源和非物质资源。"其中红色非物质资源"包括具有重要影响的小说、戏剧、诗词、歌曲、影视等文学艺术作品等;重要功勋模范人物(集体)事迹、人民群众奋斗精神文化等"。因此,较之革命文物,红色资源更多地表现出了精神文化性,很多红色资源也可以以非物质的形式存在。

例如在红色资源的精神形态方面,作为中国共产党较早开展革命活动的地区之一,江苏拥有丰富的红色资源、优良的红色传统和宝贵的红色精神,尤以周恩来精神、铁军精神、淮海战役精神、雨花英烈精神等红色精神闻名。比如作为抗日战争时期新四军活动的主要区域之一,江苏常熟的新四军"铁军精神"已成为本

---

① 《第二批江苏省革命文物名录公布》,https://wap.yzwb.net/wap/news/2314560.html。

② 中共江苏省委党史工作办公室编:《江苏省革命遗址通览》,中共党史出版社 2014 年版,第 4 页。

地特色的红色资源品牌,与之伴生的现代京剧《沙家浜》等红色文艺作品,已经成为风靡全国的红色文化艺术标杆。

图 2.1 雨花台烈士陵园

第一节 江苏革命文物的主要分类

一、不可移动革命文物——革命旧址、遗址等

在革命文物中,不可移动革命文物是一个重要的组成部分,而在不可移动革命文物中,革命旧址、遗址占了绝大多数。据统计,我国目前有不可移动革命文物 3.6 万多处[1],其中登记革命

---

① 参见国家文物局:《切实把革命文物保护好、管理好、运用好——习近平总书记对革命文物工作的重要指示在全国文物系统引起强烈反响》,https://www.mct.gov.cn/whzx/whyw/202104/t20210401_923513.htm。

旧址、遗址33315处①,江苏自然也不例外。以级别而论,主要可分为全国重点文物保护单位、省级文保单位和市县级别及未定级文保单位三个级别。

1. 全国重点文物保护单位

在江苏13个地市中,有7个拥有全国重点文物保护单位的革命旧址、遗址,分别为南京市、苏州市、扬州市、常州市、淮安市、泰州市、盐城市,全省共计27处,其中南京市最多,计有10处。这些不可移动革命文物大致可以分为近现代革命文物、烈士纪念设施、革命活动旧址、革命人士故居、工业文化遗产等若干类。

图2.2　渡江胜利纪念馆

---

① 《我国登记革命旧址、遗址达33315处》,《人民日报》2018年7月31日。

具体包括:南京雨花台烈士陵园、中国共产党代表团办事处旧址、中国社会主义青年团二大会址(国立中央大学旧址——梅庵)、金陵大学旧址、金陵兵工厂旧址(晨光机器厂旧址)、浦口火车站旧址(两浦铁路工人"七·二"大罢工旧址)、八路军驻南京办事处旧址、中山陵、堂子街太平天国壁画、太平天国天王府遗址;苏州太平天国忠王府、柳亚子旧居;扬州朱自清旧居;常州新四军江南指挥部旧址、瞿秋白故居、张太雷旧居、秦邦宪旧居、黄山炮台遗址、国民党江阴要塞司令部旧址;淮安周恩来故居、苏皖边区政府旧址、黄花塘新四军军部旧址、淮安中共中央华中分局旧址;泰州人民海军诞生地、黄桥战斗旧址;盐城新四军重建军部旧址、新四军盐阜区抗日阵亡将士纪念塔。

其中中国社会主义青年团二大会址位于南京市玄武区四牌楼梅庵。梅庵为 1916 年南京高等师范学校(今南京大学前身)校长江谦为纪念两江师范学堂校长、中国近代著名教育家李瑞清而建,以李瑞清号"梅庵"为名,柳诒徵亲书匾额。1922 年 5 月 5 日,南京 24 名团员在梅庵召开全体团员大会,通过了《南京社会主义青年团简章》,成立了南京团地方委员会,为全国最早的 15 个团地方委员会之一。1923 年 8 月 20 日至 25 日,中国社会主义青年团第二次代表大会在梅庵召开,该地成为 20 世纪 20 年代马克思主义在江苏的传播中心和红色基因的传承基地。

2. 省级文保单位

在江苏 13 个地级市中省级文保级别的不可移动革命文物,包括各类烈士纪念碑、烈士墓、烈士牺牲地、革命旧址、遗址、名

图 2.3　南京大学校内的革命烈士纪念碑

人故居、工业遗产等,共计 88 处。

其中属于纪念设施类的有:南京市钟山风景区中山陵纪念建筑、南京市挹江门外渡江胜利纪念碑(1979 年)、南京市雨花台区宁南街道望江矶皖南事变三烈士墓(1955 年)、南京市秦淮区大光路街道东水关公园九龙桥(南京"四一〇"烈士牺牲地)、镇江市茅山风景区苏南抗战胜利纪念碑(1995 年)、东台市三仓苏中四分区抗日烈士纪念碑(1945 年立,1965 年重修)、建湖县庆丰乡华中鲁艺抗日殉难烈士墓(1941 年)、邳州市碾庄淮海战役碾庄战斗革命烈士纪念碑（1960年）、徐州市南郊淮海战役纪念建筑群（1965年）、邳州市张楼王杰烈士墓（1965年）、吴江市北库乡张应春烈士墓（1931年）、海安县沙岗乡高凤英烈士墓（1947年）、海安县海安镇苏中七战七捷纪念碑（1986年）、海安县墩头镇新四军联抗部队烈士墓（1944年）、赣榆县抗日山烈士陵园、淮安市淮阴区刘老庄八十二烈士墓（1946年立，1960年重修）、淮安区关天培祠墓、宿迁泗洪县曹庄朱家岗烈士陵园（1943年）、泗洪县半城镇雪枫烈士陵园（1945年）、宿豫区来龙镇宿北大战烈士陵园（1950年）、宿城区东关口杨泗洪墓、泰州泰兴县羊货郎店杨根思烈士祠墓（1951年）。

图2.4　黄花塘新四军军部纪念馆

属于革命活动旧址所在的有:南京市秦淮区夫子庙街道金陵路1号南京第一个总工会成立地江南贡院明远楼、南京市高淳区淳溪镇新四军一支队司令部旧址(1938年)、南京市高淳区淳溪老街中共淳溪第三支部(东阳店支部)旧址(1939年)、南京市江宁区横溪街道许呈村横山县抗日民主政府旧址(1942年)、南京市六合区竹镇镇市府街19号六合县竹镇抗日民主政府旧址(1942年)、镇江市伯先公园内"五卅"演讲厅(1925年)、镇江市丹徒区宝堰镇新四军四县联合抗日会议会址(1938年)、丹阳市云阳镇总前委三野司令部驻地旧址(1949年解放上海指挥部驻扎地)、镇江市新区大路镇崇贤里王氏宗祠(新四军山北县圌山区文工团驻地)、丹阳市延陵镇贺甲自然村贺甲战斗旧址、丹阳市界牌镇新四军江南指挥部旧址、扬中市油坊镇长旺村培根师范旧址、盐城市解放北路盐中巷抗大五分校旧址(1940—1943年)、阜宁县陈集乡停翅港新四军重建军部旧址(1942年)、盐城市大丰区八路军新四军白驹狮子口会师旧址(1940年)、阜宁县羊寨镇中共中央华中局第一次扩大会议旧址(1942年)、新沂县马陵山宿北大战前沿指挥所旧址(1946年)、徐州贾汪区南部夏桥井院内韩桥煤矿旧址——国民党第三绥靖区部队起义旧址(1948年)、贾汪区团结路10号中国人民解放军华东野战军前委指挥部和第三野战军成立旧址(1942年)、汉王镇北望村渡江战役总前委旧址(1949年)、沛县张寨镇李庙行政村青墩寺小学旧址(1928年)、沛县沛中路沛县初级中学院内晓明楼(1929年中共沛县委员会成立旧址)、无锡锡山区锡北镇寨门村诸巷新四军六师师部旧址（1940年）、惠山区阳山镇匡村中学旧址（无锡抗日青年流亡服务团集结地）、溧阳市水西村新四军江南指挥部旧址（1939年）、溧阳市竹箦镇宋巷村宋巷新四军一支队司令部旧址（1938年）、海安县城苏北第一届参政会会址（1940年）、启东市海复镇东南中学内苏北抗大九分校旧址（1939年）、白蒲镇市大街113号白蒲镇民居——国共美三方军事停战谈判小组旧址、江都市郭村战斗指挥部旧址（包括新四军挺进纵队指挥部、参谋部、政治部等）（1940年）、大桥镇繁荣街13号新四军挺进纵队二三支队司令部旧址（1938年）、姜堰区南大街219号新四军苏北指挥部旧址（1940年）、高邮市高邮镇熙和巷70号侵华日军投降处旧址、高邮市界首镇华中雪枫大学旧址（1946年）、连云港连云区连云街道胜利社区胜利路49号上海大旅社（1933年华东青年干校旧址）、姜堰市白马庙华东野战军渡江战役指挥部旧址（1949年）、泰州市新四军东进泰州谈判处旧址（1939年）。

革命人士故居有：镇江市丹徒区辛丰镇黄墟老街冷遹旧居、东台市梁垛镇卢秉枢故居、滨海县正红乡顾正红烈士故居、无锡锡山区东港镇黄土塘村姚桐斌故居（1947年）、惠山区玉祁镇礼舍村老街孙冶方故居、惠山区玉祁街道礼社村薛暮桥故居、崇安区汤巷45号张闻天旧居、堰桥街道天一社区老陆巷陆定一故居、常州武进区公朴路6号李公朴旧居、和平南路143号史良故居、吴江同里镇陈去病故居、吴中区甪直古镇叶圣陶墓及执教处旧址、常熟市支塘镇南街44号王淦昌故居、宝应县城县南街水巷口周恩来少年读书处、淮安市周恩来童年读书处旧址、靖江市生祠镇刘国钧故居。

工业文化遗产类有：常州武进区延陵东路 358 号戚机厂旧址（1937 年戚墅堰机车车辆工厂旧址）、天宁区采菱路 78 号大成三厂旧址（常州国棉三厂旧址）、钟楼区三堡街 141 号恒源畅厂旧址（常州第五毛纺织厂旧址）。

其他：徐州铜山县柳泉乡向阳渠（1972 年）、宜兴市祝陵镇新四军标语（1945 年）、无锡惠山区阳山镇安阳书院旧址、梁溪区中山路 308 号锡金公园旧址、锡山区荡口古镇仓河北街 50 号荡口华氏建筑群——华氏襄义庄、惠山区堰桥街道天一社区老陆巷 4 号陆氏宅、镇江市谏壁月湖村王家花园、金坛区戴王府遗址、金坛区白塔镇庄城村庄城桥、淮安洪泽区岔河镇仁和老街江淮大学旧址（1942 年）。

这些不可移动革命文物见证了近代以来中国人民奋起反抗、革命志士奔走呼号的光荣革命历史，承载着丰富的革命斗争信息，蕴含着中国人民百折不挠的革命精神，对于我们传承红色文化基因，弘扬革命文化精神，具有重要的历史价值、文化价值和社会意义。

3. 市县级别及未定级文保单位

与全国重点文物保护单位、省级文保单位相比，市县级别文保单位的统计难度较大。一则因为市保单位数字庞大，需要从中筛选出革命旧址、遗址；二则有些县、市并未公布数据或者数据公布不完全，因此江苏现存市县级别革命旧址、遗址本章仅根

图 2.5　连云港抗日烈士纪念塔

据现有公布数据进行整理,此外还有部分未定级文保单位一并计入。

目前公布的南京地区的市县级及未定级文保级别不可移动革命文物共有 40 处,包括恽代英烈士殉难处、云台山新四军抗日烈士墓、邓演达烈士殉难处、浦口革命烈士纪念碑、土桥烈士墓、龙都烈士墓、邓仲铭亭、回峰山反顽战役阵亡将士纪念塔、游子山烈士陵园、桂子山烈士陵园、后阳烈士墓、石村抗日英雄纪念碑、金牛山战斗纪念碑、茉莉花采风纪念碑、望湖山烈士纪念碑、乌山烈士纪念碑、里佳山烈士纪念碑、中山烈士陵园纪念碑、中山烈士墓、浦口无名烈士纪念陵园、李巷革命遗址纪念群、溧水大金山抗日根据地遗址、新四军办事处旧址、中共淳溪第三支部东阳杂货店旧址、煤炭港中共南京铁路地下党小组旧址、铜山战斗遗址、西舍村革命根据地旧址、新四军第一派出所旧址、新四军一支队指挥部旧址、两浦铁路工人"二七"大罢工卧轨处旧址、复成新村民国建筑群、曾公祠、邓子恢旧居、孔祥锦民居、孔广金民居、永利硫酸厂旧址、南京长江大桥、十月村毛泽东塑像、南京金陵饭店、南京五台山体育馆等。

图 2.6　溧高抗日根据地烈士纪念碑

其中永利硫酸厂旧址位于江北新区大厂街道,2019 年入选第二批中国工业遗产保护名录。永利硫酸铔厂于 1934 年成立,是中国第一座化肥厂,是当时亚洲最大的化工厂,号称"远东第一大厂"。中华人民共和国成立前夕,中共永利𬬻厂支部提出"护厂保家,迎接解放"的口号,积极配合人民解放军占领永利𬬻厂。1952年永利𬬻厂更名为公私合营永利宁厂,1965年改为南京化肥厂,先后创造了30多项中国化工之最,是新中国化肥工业、硫酸工业、催化剂开发与生产、化工机械制造的奠基者。2005年成立中石化集团南京化学工业有限公司至今。

扬州是有着2500多年建城史的著名历史文化名城,也是具有光荣革命传统的红色热土。老一辈无产阶级革命家曾在这里纵横驰骋、浴血奋战,在扬州大地上深深烙刻了诸多红色印记。该地区的市县级及未定级文保中不可移动革命文物目前公布的有57处,内容丰富、类别众多,包括曹起溍故居、江都县文化界救亡协会旧址、朱良钧烈士故居、邵伯保卫战遗址、杨庄革命烈士墓园、三江营革命烈士纪念墓、许晓轩革命故居、扬州革命烈士陵园、高邮烈士陵园、陈特平烈士墓、左卿秦梅青纪念碑、夏德华烈士纪念碑、周山烈士纪念碑、张轩烈士纪念碑、三垛河伏击战烈士墓、孙子明烈士纪念塔、河口解放战争纪念碑、毛伯勤烈士纪念碑、郭村保卫战战场遗址、丁伙谈锦西烈士墓、新四军挺进纵队后方医院旧址、苏中军区暨新四军一师练兵场旧址、苏中军区后方总医院旧址、苏中银行旧址、新四军江淮印钞厂旧址、《苏中报》报社旧址、新四军华中军械处第一总厂旧址、新四军苏中榴弹厂旧址、射阳湖镇革命烈士墓、陈丕显射阳居住旧址、张藩射阳居住旧址、华中造纸厂原址、曹甸革命烈士墓、祁书臣烈士墓、苏中公学校部旧址、苏中区党委驻地旧址、苏中党校故址、黄公正起义故址、西安丰烈士陵园、粟裕居住旧址、陈丕显居住旧址、叶飞居住旧址、华中印钞厂总管处旧址、江淮印钞厂旧址、首演甲申记大舞台旧址、盐淮宝边区办事处旧址、中共苏中宝应县委县政府成立旧址、刘家潭红色交通站旧址、广洋湖镇烈士陵园、宝应县烈士陵园、魏然将军墓、高邮烈士陵园、江苏油田真武真6井、江都县抗日民主政府办公旧址、中国人民解放军第八兵团渡江战役指挥部旧址、邵伯1号船闸等。

其中涉及新四军苏中军区的革命遗址较为典型，如新四军挺进纵队后方医院旧址、苏中军区暨新四军一师练兵场旧址、苏中军区后方总医院旧址、苏中银行旧址、新四军江淮印钞厂旧址、《苏中报》报社旧址、新四军华中军械处第一总厂旧址、新四军苏中榴弹厂旧址、苏中公学校部旧址等，这些形式多样、功能丰富的革命旧址，展现了抗日战争时期新四军在苏中地区的战斗事迹和生产面貌。

镇江的茅山地区也是新四军敌后抗日根据地的中心之一，故而也留下了众多以新四军革命活动旧址为主的不可移动革命文物，其中属于市县级别和未定级的文保包括：王龙烈士墓、肖国生烈士墓、徐明烈士墓、夏霖墓、夏霖故居、嵇直故居、黄竞西故居、巫恒通旧居、许杏虎烈士故居、韦岗伏击战战场遗址、前隍村新四军一支队驻地旧址、私立京江中学旧址、新丰车站抗日战斗旧址、华东财经委员会旧址、新四军一支队司令部政治部驻地（柏枝洞、三官洞、老君洞）、巴斗山战斗旧址、解放日报社旧址、中共丹阳第一个支部旧址、"江抗"会师合编广场、新四军一支队司令部政治部驻地、新四军水坝、新四军修械所遗址、新四军医疗所遗址等 23 处。

新四军成立后,根据中共中央的指示,各支队深入苏皖豫敌后独立自主地创造华中敌后抗日根据地。1938 年 4 月起,由粟裕、陈毅分别率新四军先遣支队与第 1 支队主力开展游击战争,揭开了新四军东进抗日的序幕。到 1939 年 4 月,他们逐步建立和恢复了地方抗日政权,开辟了以茅山为中心的苏南敌后抗日根据地。当时的新四军一支队司令部、政治部驻地位于现镇江句容市的茅山风景区内,柏枝洞、三官洞、老君洞皆为天然洞穴,互为倚仗。1938 年 6 月,新四军一支队司令员陈毅率部初到茅山时,虽然物质条件艰苦,但为了不打扰当地百姓,陈毅决定将地理位置隐蔽、便于转移的野外洞穴用作新四军一支队司令部、政治部的临时驻地。茅山三洞见证了新四军始终保持和发扬革命优良传统、遵守严明军纪的优良作风,成为镇江军民光辉革命历史的重要遗存。

在苏州地区的市县级及未定级文保中,不可移动革命文物包括苏州烈士陵园、常熟革命烈士陵园、张家港烈士陵园、吴县烈士墓、古里十八抗日烈士墓、金城新村、司前街看守所旧址、"江抗"办事处旧址、南社通讯处旧址、群乐旅社旧址、中共浙西路东特委和中共吴兴县委旧址、中共常熟特别支部活动旧址、中共常熟县代表大会会址、谭震林召开何市各界人士代表会会址、常熟县人民抗日自卫会成立会址、《大众报》创刊发行地、江抗东路活动旧址、渡江战役登陆纪念处、占文农暴旧址、双山渡江战役纪念碑、新四军太湖游击队冲山事件发生地、园茂里、张应春故居、王绍鏊故居等25处。

图2.7 1940年《大众报》创刊发行地

其中位于五卅路148号的金城新村,原系20世纪30年代金城银行为其高级职员建造的住宅,1949年5月曾为解放上海战役指挥机关所在。5月26日,上海解放在即,粟裕在金城新村签发《第三野战军淞沪警备命令》,当夜率指挥机关离开苏州,次日抵达上海市区。金城新村保护修缮及改造更新工程于2023年初启动,包含10栋文物建筑和6栋非文物建筑。建成后的项目包括陈列展览、文创设计、商业服务空间等。此外,金城新村还启动了上海战役指挥机关旧址陈列展览项目,将进一步加强革命文物保护利用,打造苏州古城内的红色革命教育新亮点。

图 2.8　苏州吴中区烈士陵园

在无锡地区的市县级及未定级文保中,不可移动革命文物有 21 处,分别是:无锡市革命烈士墓、马山革命烈士纪念碑、锡西地区烈士陵园、渡江战役烈士墓、吴焜烈士埋葬处纪念碑、周水平烈士墓、奚佐尧烈士墓、李复墓、中共江阴县第一次党代会会址、新四军一纵纪念地、中共宜溧县委宜溧县抗日民主政府办公驻地、蒲市里新四军六师师部旧址、三洲实业中学旧址、无锡师范钟楼及述之科学馆、陈毅同志演讲处、补庐(宜兴马克思主义小组成立处、宜兴县委旧址)、邵氏宗祠、朱杏南故居、潘汉年故居、张大烈故居、桐岐万安桥。其中,位于江阴市青阳镇桐岐村的明代单孔石桥万安桥见证了1941年皖南事变后新四军对日桐岐歼灭战的全面胜利,该战役大大鼓舞了苏南抗日军民的斗志,在苏南抗战史上留下了重要的篇章。

常州地区的市县级及未定级文保中有27处不可移动革命文物,包括张鹏云烈士墓、圩塘革命烈士墓、孟河东山烈士墓群、胡发坚烈士墓、金坛区烈士陵园、西山烈士陵园、塘马战斗烈士陵园、周城烈士陵园、梅龙山烈士墓、逸仙中学旧址、北夏墅学校旧址、澄西抗日民主政府旧址、中共太滆地委新四军南杨桥地下交通站旧址、湖滨抗日中学旧址、潘家墩兵工厂旧址、中共苏皖区第一次代表大会会址、国营常州第四棉纺织厂旧址(大明厂民国建筑群)、常州第二无线电厂旧址、江南抗日义勇军总指挥部旧址、后潘村潘宅(中共澄西县委地下交通站旧址)、渡江桥、平桥石坝、沙河水库大坝、恽代英住地、王诤故居、冯仲云故居、菡子故居。

其中1959年兴建完成的溧阳沙河水库是社会主义革命和建设时期当地县委带领人民为防洪涝而修建的民生工程。此外,天目湖镇平桥村的平桥石坝建于1974—1979年,是我国最大的非钢筋混凝土水库大坝,也是亚洲最大的浆砌石拱坝。这些水利设施革命建筑凝聚着劳动人民的创造和智慧,是中国人民勇于创新、敢于拼搏精神的真实写照。

泰州地区的市县级及未定级文保中有30处不可移动革命文物。其中纪念碑塔、烈士陵园烈士墓等包括泰州革命烈士陵园、佴家庄战斗纪念碑、苏中七战首战七战指挥部驻地纪念碑、马沟阻击战纪念碑、孔庄阻击战纪念碑、夹港战斗纪念碑、兴化抗日阵亡将士纪念塔、华中二分区革命烈士纪念塔、李默烈士墓、袁舜生烈士陵园、周奋烈士陵园、严昌荣烈士陵园、革命烈士碑亭、徐克强烈士墓园、沈毅烈士就义处、经纶庵烈士陵园、靖江革命烈士陵园;革命纪念馆、旧址包括:革命烈士纪念馆、中共泰州地下县委活动旧址、陈毅朱克靖在泰谈判处、新四军代表惠浴宇等在泰谈判接洽处、曲江楼(新四军苏北指挥部旧址)、中共兴化县委成立旧址、兴化县政府旧址、沙沟市政府旧址、粟裕办公处、沈云楼故居、陆晏革命旧址、1945 年叶飞将军率部南下途径驻留之地、苏北党校旧址。

南通地区的市县级及未定级文保中有 32 处不可移动革命文物,分别是:耙齿凌烈士陵园、海安烈士陵园、通州区烈士陵园、海门区烈士陵园、如东县烈士陵园、如皋烈士陵园、吴庄烈士陵园、徐芳德烈士墓、王玉文烈士墓、江一帆烈士墓、秦超烈士墓、民族英烈墓(海门区)、何坤墓、苏中七战七捷皋南战斗烈士墓、小海战斗烈士纪念碑、谢家渡战斗纪念碑、中共江北区特别委员会机关旧址及纪念碑、新四军烈士纪念碑、刘瑞龙故居、朱理治故居、孙二富故居、俞铭璜沈序故居、邹韬奋演讲处、贾家巷红军井、角斜红旗民兵团史绩陈列馆、海门中学上校旧址、新四军一师三旅抗战指挥部、曹家镇红楼、启东县首届人民政府旧址、中国工农红军十四军成立遗址、华中野战军第一师师部遗址、如泰工农红军建军遗址。

革命老区盐城的不可移动革命文物众多,其中属于市县级及未定级文保的有 59 处,处于目前已公布名录中全省之首。烈士纪念碑、纪念塔包括:新四军重建军部纪念碑、郭猛革命烈士纪念碑、大冈革命烈士纪念碑、北蒋革命烈士纪念碑、大纵湖革命烈士纪念碑、秦南抗日烈士纪念碑、尚庄革命烈士纪念碑、学富革命烈士纪念碑、义丰革命烈士纪念碑、六套革命烈士纪念碑、骑兵烈士纪念碑、陈涛烈士纪念碑、戴秉义烈士纪念碑、益林战役纪念碑、北沙人民抗日纪念碑、新四军重建军部纪念塔、八滩王桥战斗纪念塔、陈集战斗纪念塔、陆庄革命烈士纪念塔、冈西烈士纪念塔、永丰革命烈士纪念塔、辛庄革命烈士纪念塔。

烈士陵园、烈士墓包括:盐南战斗烈士陵园、潘黄烈士陵园、大丰烈士陵园、陈港镇烈士陵园、滨海县烈士陵园、响水县烈士陵园、阜宁烈士陵园、郭墅烈士陵园、三灶烈士陵园、建湖县烈士陵园、射阳县烈士陵园、楼王七烈士之墓、李增援烈士墓、天沟二十八烈士墓、陈涛镇革命烈士墓、单家港战斗烈士公墓、沟墩十八烈士墓、马玉仁墓。

革命纪念馆类包括:位于阜城镇城河路 49 号的阜宁铁军纪念馆,以及阜宁县益林镇的益林战役纪念馆,后者入选 2022 年 6 月公布的江苏省第二批 100 个红色地名。

其他革命旧址、名人故居包括:粟裕指挥部旧址、张爱萍将军指挥所、盐阜区联立第二中学旧址、新四军第三师第八旅第二十四团陶河团部、宋公堤、胡乔木故居、新四军第三师师部旧址、中共中央华中局旧址、苏北文化工作团团史陈列室、德华医院旧址、新四军苏中二分区《人民报》印刷所旧址、中共建阳县委、县政府成立地旧址、新四军军部旧址、黄逸峰故居、东台红兰别墅、新四军枪械所旧址。

徐州地区的市县级及未定级文保中有 20 处不可移动革命文物,包括:马坡烈士陵园、柳泉西堡烈士陵园、李新庄烈士陵园、丰县烈士陵园、鸳楼烈士陵园、弘德园、吕集烈士陵园、解慕唐烈士陵园、睢宁县烈士陵园(泗州战役烈士公墓)、张道平烈士墓、岱山乡才庄李超时烈士墓、占城魏云岑烈士墓、叶场围困战旧址、十人桥、碾庄老圩子(淮海战役碾庄圩歼灭战旧址)、吴亚鲁革命活动旧址、中共丰县县委旧址、土山镇王家大院、沈家澡堂、土山魏家大院。

连云港地区目前也公布了 20 处不可移动革命文物,分别是:赣榆区民族英雄碑、青口十八勇士战斗纪念地、朱爱周烈士墓、张涛烈士墓碑、磨山抗日烈士纪念塔、吕祥璧烈士陵园、灌云县烈士陵园、汤曙红烈士墓、灌南县烈十陵园、安峰山烈士陵园、符竹庭殉难纪念地、陇海公寓、刘少奇旧居、大吴山战斗纪念地、小沙东海战登陆纪念地、灌云县委县政府旧址、东亚旅社(中共新海连特区委员会机关所在地)、班庄红领巾水库、锦屏磷矿旧址、韩李水库栈桥门楼。

宿迁地区目前公布的不可移动革命文物有 30 处,其中以烈士纪念设施居多,包括:爱园烈士陵园、洪泽湖斗争烈士陵园、刘圩烈士陵园、要道烈士陵园、徐圩烈士陵园、罗圩烈士陵园、吴圩

图 2.9 连云港云台山僧众抗日纪念碑

(人和圩) 烈士陵园、江上青烈士墓、臧桥烈士公墓、陈云辉烈士墓、吴英烈士墓、吴苓生烈士墓、马桥烈士墓、魏场烈士墓、李长胜烈士墓、韩余娟烈士墓、魏其虎墓、七英雄烈士墓、鲍洪漠烈士墓、桑墟烈士墓、新河革命烈士纪念碑、沭宿海抗日中学纪念塔。此外还有潼阳县政府旧址、大王庄新四井(新四军四师师部旧址)、张塘爱民井、矿山水塔、雪枫堤、朱瑞故居、来龙庵战场遗址、卓圩战场遗址等类别。

二、可移动革命文物——各级各类馆藏革命文物

革命文物是党和人民在革命历程中遗留下来的实物遗存。它承载着厚重的中国革命历史,见证着革命历程中的感人事迹,体现着中国共产党人的初心使命,凝结着伟大革命精神,它是我们精神家园和红色基因库中的珍贵"富矿",是激发爱国热情、振奋民族精神的深厚滋养,是弘扬革命传统、传承红色基因的生动教材。

在革命文物中,可移动革命文物是数量最多的一部分。目前全国共有革命博物馆、纪念馆超过 1600 家,收藏和保护了绝大部分可移动革命文物。据国家文物局近年来的数据,目前国有博物馆藏可移动革命文物超过 100 万件/套①。馆藏革命文物具有数量多、时间长、集中展示诸多优点,使得博物馆、纪念馆成为革命文物最集中之地。

江苏拥有数量众多的各级各类博物馆,作为革命文物的大省,馆藏革命文物资源的数量十分可观。以茅山新四军纪念馆为例,馆藏革命文物、史料数量超 16000 件/套,位于全国前列。

除了博物馆、纪念馆之外,档案馆也是馆藏革命文物较为集中的场所。革命文物包括众多珍贵纸质档案,作为保留文字材料最全面的机构之一,档案馆之于革命文物收藏与保护的重要性可见一斑。江苏省档案馆 2021 年开展的"江苏百件红色珍

① 《革命文物保护单位将全面开放》,《经济日报》2021 年 5 月 20 日。

档"评选活动就是在全省各级档案馆藏革命文物基础上举办的,这些珍贵的革命文物真实记录了党的百年历史和奋斗历程,是中国共产党在江苏建立、成长、发展和壮大的真实写照。

图 2.10　中共梅园新村纪念馆

1. 博物馆

根据《江苏省 2021 年度博物馆名录》①,江苏省共有博物馆 335 个,其中一级馆 19 个,二级馆 27 个,三级馆 32 个,未定级 257 个,遍布江苏省 13 个地市。经过对这些博物馆的初步筛选后,共计藏有革命文物的博物馆 236 家,约占总数的 70.45%,其中一级馆 17 个,约占总数的 89.47%;二级馆 21 个,约占总数的 77.78%;三级馆 24 个,占总数的 75%;未定级 174 个,约占总数的 67.7%,可见在江苏,藏有革命文物的博物馆占有相当比重。

就地理范围而言藏有革命文物的 236 家博物馆遍布江苏省 13 个地市,其中一级馆分布于 7 个地市,分别为南京(8)、无

①　截至本书定稿时,《江苏省 2022 年度博物馆名录》尚未公开发布。

锡(3)、苏州(2)、常州(1)、南通(1)、徐州(1)、扬州(1);二级馆分布于 10 个地市,分别为苏州(5)、无锡(5)、南京(2)、淮安(2)、盐城(2)、常州(1)、连云港(1)、泰州(1)、徐州(1)、扬州(1);三级馆分布于 9 个地市,分别为南通(5)、南京(4)、泰州(3)、淮安(3)、常州(2)、徐州(2)、扬州(2)、镇江(2)、宿迁(1);未定级博物馆分布于 13 个地市,分别为无锡(41)、南京(29)、苏州(20)、南通(12)、镇江(12)、泰州(11)、常州(11)、连云港(10)、盐城(9)、徐州(6)、淮安(6)、宿迁(5)、扬州(2)。详见下表。

表 2.1   江苏省含革命文物博物馆一览表

序号	名称	性质	等级	城市	地址
1	常州市武进区博物馆(常州市武进区淹城博物馆)	文物系统国有博物馆	二级	常州	江苏省常州市武进区武宜中路 201 号
2	周恩来纪念馆	其他行业国有博物馆	二级	淮安	江苏省淮安市淮安区永怀路 2 号
3	淮安市博物馆	文物系统国有博物馆	二级	淮安	淮安市清江浦区健康西路 146—1 号
4	连云港市博物馆	文物系统国有博物馆	二级	连云港	连云港市海州区潮阳东路 68 号
5	南京地质博物馆	其他行业国有博物馆	二级	南京	江苏省南京市玄武区珠江路 700 号

续表

序号	名称	性质	等级	城市	地址
6	南京市江宁区文化遗产保护中心(南京市江宁区博物馆)	文物系统国有博物馆	二级	南京	竹山路 80 号
7	苏州碑刻博物馆(苏州文庙管理所)	文物系统国有博物馆	二级	苏州	苏州市人民路613 号
8	苏州戏曲博物馆	文物系统国有博物馆	二级	苏州	苏州市平江路中张家巷 14 号
9	太仓市博物馆	文物系统国有博物馆	二级	苏州	太仓市上海东路100 号
10	吴江博物馆	文物系统国有博物馆	二级	苏州	苏州市吴江区松陵镇笠泽路 450号
11	张家港博物馆(长江文化博物馆)	文物系统国有博物馆	二级	苏州	江苏省苏州市张家港市杨舍镇暨阳西路 2 号
12	兴化市博物馆	文物系统国有博物馆	二级	泰州	兴化市牌楼北路2 号
13	常州博物馆	文物系统国有博物馆	一级	常州	常州市龙城大道1288 号
14	南京市博物总馆(南京市博物馆)	文物系统国有博物馆	一级	南京	南京市秦淮区朝天宫四号
15	南京市博物总馆(六朝博物馆)	文物系统国有博物馆	一级	南京	南京市玄武区长江路 302 号六朝博物馆
16	南京市博物总馆(渡江胜利纪念馆)	文物系统国有博物馆	一级	南京	江苏省南京市鼓楼区渡江路 1 号

序号	名称	性质	等级	城市	地址
17	南京市博物总馆(中共代表团梅园新村纪念馆)	文物系统国有博物馆	一级	南京	南京市玄武区汉府街 18—1 号
18	侵华日军南京大屠杀遇难同胞纪念馆	其他行业国有博物馆	一级	南京	江苏省南京市水西门大街 418 号
19	雨花台烈士纪念馆	其他行业国有博物馆	一级	南京	江苏省南京市雨花台区雨花路 215 号雨花烈士陵园内
20	南京博物院	文物系统国有博物馆	一级	南京	南京市中山东路 321 号
21	南京市博物总馆(太平天国历史博物馆)	文物系统国有博物馆	一级	南京	南京市瞻园路 128 号
22	南通博物苑	文物系统国有博物馆	一级	南通	南通市濠南路 19 号
23	常熟博物馆	文物系统国有博物馆	一级	苏州	江苏省常熟市北门大街 1 号
24	苏州博物馆(苏州民俗博物馆)	文物系统国有博物馆	一级	苏州	苏州市东北街 204 号
25	无锡碑刻陈列馆	文物系统国有博物馆	一级	无锡	无锡市梁溪区学前街睦亲坊巷 3 号
26	无锡博物院	文物系统国有博物馆	一级	无锡	无锡市钟书路 100 号
27	周怀民藏画馆	文物系统国有博物馆	一级	无锡	江苏省无锡市梁溪区运河公园 A 区 23 号

续表

序号	名称	性质	等级	城市	地址
28	徐州博物馆（徐州市文物考古研究所）	文物系统国有博物馆	一级	徐州	江苏省徐州市和平路 118 号
29	扬州博物馆	文物系统国有博物馆	一级	扬州	扬州市文昌西路 468 号
30	江阴市博物馆	文物系统国有博物馆	二级	无锡	江阴市澄江中路 128 号
31	宜兴市博物馆	文物系统国有博物馆	二级	无锡	宜兴城东新区解放东路
32	江阴市刘氏兄弟故居陈列馆	文物系统国有博物馆	二级	无锡	江阴市西横街 49 号
33	无锡市鸿山遗址博物馆	文物系统国有博物馆	二级	无锡	无锡市新吴区鸿山街道飞凤路 200 号
34	江阴市中医史陈列馆	文物系统国有博物馆	二级	无锡	江阴市司马街 25 号
35	淮海战役纪念馆	其他行业国有博物馆	二级	徐州	江苏省徐州市解放南路 2 号
36	盐城中国海盐博物馆（盐城市博物馆、盐城市水浒文化博物馆）	文物系统国有博物馆	二级	盐城	盐城市开放大道 2 号
37	新四军纪念馆	文物系统国有博物馆	二级	盐城	盐城市建军东路 159 号
38	仪征市博物馆	文物系统国有博物馆	二级	扬州	仪征市解放西路 201 号
39	常州市金坛区博物馆	文物系统国有博物馆	三级	常州	常州市金坛区城南风景区愚池公园内
40	新四军江南指挥部纪念馆	文物系统国有博物馆	三级	常州	溧阳市竹箦镇水西村 228 号

续表

序号	名称	性质	等级	城市	地址
41	苏皖边区政府旧址纪念馆	文物系统国有博物馆	三级	淮安	淮安市淮海南路30号
42	淮安市楚州博物馆	文物系统国有博物馆	三级	淮安	淮安市淮安区局巷1号
43	盱眙县博物馆	文物系统国有博物馆	三级	淮安	盱眙县盱城镇东方大道3号
44	南京城墙博物馆	文物系统国有博物馆	三级	南京	南京市秦淮区边营一号
45	孙中山纪念馆	其他行业国有博物馆	三级	南京	江苏省南京市玄武区中山陵园藏经楼
46	南京抗日航空烈士纪念馆	其他行业国有博物馆	三级	南京	南京市玄武区蒋王庙289号
47	求雨山文化名人纪念馆	文物系统国有博物馆	三级	南京	南京市浦口区江浦街道雨山路48号
48	江苏省江海博物馆	文物系统国有博物馆	三级	南通	江苏省南通市海门区东布洲中路99号
49	南通中华慈善博物馆	其他行业国有博物馆	三级	南通	南通市崇川区虹桥路9号
50	如皋市博物馆	文物系统国有博物馆	三级	南通	如皋市府西路文化广场
51	海安市博物馆	文物系统国有博物馆	三级	南通	江苏省南通市海安市宁海北路58—8号
52	江苏省南通市海门区张謇纪念馆	其他行业国有博物馆	三级	南通	江苏省南通市海门区常乐镇状元街东首
53	宿迁市博物馆	文物系统国有博物馆	三级	宿迁	宿迁市宿城区黄河南路188号

序号	名称	性质	等级	城市	地址
54	泰兴市博物馆	文物系统国有博物馆	三级	泰州	泰兴市府前街
55	泰州市姜堰区博物馆	文物系统国有博物馆	三级	泰州	泰州市姜堰区天目东路 688 号
56	中国人民解放军海军诞生地纪念馆	文物系统国有博物馆	三级	泰州	泰州市高港区白马镇
57	邳州市博物馆	文物系统国有博物馆	三级	徐州	邳州市运平路
58	新沂市博物馆	文物系统国有博物馆	三级	徐州	江苏省新沂市大桥西路 89 号
59	宝应博物馆	文物系统国有博物馆	三级	扬州	宝应县安宜东路 89 号
60	高邮市博物馆	文物系统国有博物馆	三级	扬州	高邮市海潮东路 89 号
61	镇江焦山碑刻博物馆	文物系统国有博物馆	三级	镇江	镇江市焦山公园内
62	茅山新四军纪念馆	文物系统国有博物馆	三级	镇江	江苏省句容市茅山风景区万福路
63	常州横山博物馆	非国有博物馆	未定级	常州	常州市武进区横山桥镇星辰路 25 号
64	溧阳市博物馆	文物系统国有博物馆	未定级	常州	溧阳市南大街 211 号
65	常州市武进区阳湖宝源博物馆	非国有博物馆	未定级	常州	常州市武进区湖塘镇人民中路 195 号五楼
66	常州市武进区龙承博物馆	非国有博物馆	未定级	常州	武进区淹城中路 388 号
67	常州市新北区春江博物馆	非国有博物馆	未定级	常州	常州市新北区创业中路 98 号（百丈中心小学内）

序号	名称	性质	等级	城市	地址
68	常州牟家村博物馆	非国有博物馆	未定级	常州	常州市天宁区牟家村农业观光园
69	常州市戈小兴中外烟标烟具博物馆	非国有博物馆	未定级	常州	常州市双塔步行街92号
70	常州三杰纪念馆	文物系统国有博物馆	未定级	常州	常州市延陵西路188号、常州市天宁区和平中路子和里3号、常州市天宁区晋陵中路500号
71	常州市武进区湖塘博物馆	非国有博物馆	未定级	常州	武进区湖塘镇新城南都虹北路7—53—2号
72	常州市武进区滆湖民俗博物馆	非国有博物馆	未定级	常州	武进区锦润路7—3号
73	金湖县博物馆	文物系统国有博物馆	未定级	淮安	金湖县健康西路3号
74	盱眙县大云山汉王陵博物馆	文物系统国有博物馆	未定级	淮安	江苏省淮安市盱眙县马坝镇云山村
75	盱眙县黄花塘新四军军部纪念馆	文物系统国有博物馆	未定级	淮安	盱眙县黄花塘镇黄花塘村黄塘组
76	淮安运河博物馆	其他行业国有博物馆	未定级	淮安	淮安市清江浦区大闸口中洲岛
77	洪泽湖博物馆	文物系统国有博物馆	未定级	淮安	洪泽区文化中心4楼
78	涟水县博物馆	文物系统国有博物馆	未定级	淮安	涟水县涟洲桥南、常青路北

续表

序号	名称	性质	等级	城市	地址
79	抗日山革命烈士纪念馆	其他行业国有博物馆	未定级	连云港	连云港市班庄镇抗日山烈士陵园管理处
80	东海县博物馆	文物系统国有博物馆	未定级	连云港	东海县晶都大道与中华路交会处
81	中国东海县水晶博物馆	文物系统国有博物馆	未定级	连云港	江苏省东海县牛山街道中华路1号
82	灌云县博物馆	文物系统国有博物馆	未定级	连云港	江苏省连云港市灌云县伊山镇西环南路2号
83	东海圣时水晶博物馆	非国有博物馆	未定级	连云港	江苏省连云港市东海县牛山镇迎宾大道北路2号东海国际珠宝城三楼
84	灌南县博物馆	文物系统国有博物馆	未定级	连云港	灌南县新安镇市民文体中心人民路1号
85	连云港市革命纪念馆	其他行业国有博物馆	未定级	连云港	连云港市海州区朝阳东路70号
86	连云港市赣榆区博物馆	文物系统国有博物馆	未定级	连云港	连云港市赣榆区青口镇黄海东路300号
87	灌南县红色文化博物馆	非国有博物馆	未定级	连云港	江苏省灌南县人民东路33—2号
88	连云港市民俗博物馆（连云港市非物质文化遗产博物馆、连云港市非物质文化遗产保护中心）	文物系统国有博物馆	未定级	连云港	江苏省连云港市海州区新市路35号

续表

序号	名称	性质	等级	城市	地址
89	鼓楼医院历史纪念馆	其他行业国有博物馆	未定级	南京	南京市鼓楼区中山路 321 号
90	南京市高淳区博物馆	文物系统国有博物馆	未定级	南京	南京市高淳区淳溪镇石臼湖南路 7—1 号
91	南京麻凡艺术馆	非国有博物馆	未定级	南京	江苏省南京市鼓楼区广州路 188 号苏宁环球大厦 2118 室
92	南京市溧水区博物馆	文物系统国有博物馆	未定级	南京	南京市溧水区天生桥大道 500 号
93	南京鲁迅纪念馆	其他行业国有博物馆	未定级	南京	南京市鼓楼区察哈尔路 37 号
94	南京民间抗日战争博物馆	非国有博物馆	未定级	南京	江苏省南京市雨花台区安德门大街 48 号
95	南京市博物总馆(南京市民俗博物馆)	文物系统国有博物馆	未定级	南京	江苏省南京市秦淮区朝天宫街道南捕厅 15 号
96	南京市六合区博物馆	文物系统国有博物馆	未定级	南京	南京市六合区王桥路 157 号
97	南京大学拉贝与国际安全区纪念馆	其他行业国有博物馆	未定级	南京	江苏省南京市广州路小粉桥 1 号
98	南京消防博物馆	其他行业国有博物馆	未定级	南京	江苏省南京市鼓楼区北京西路 1 号消防大厦
99	丁山社区红色记忆电影文化陈列馆	其他行业国有博物馆	未定级	南京	南京市鼓楼区察哈尔路 108 号丁山社区

序号	名称	性质	等级	城市	地址
100	陶行知纪念馆	其他行业国有博物馆	未定级	南京	江苏省南京市栖霞区晓庄村 130 号
101	南京市江宁区金陵佛教文化博物馆	其他行业国有博物馆	未定级	南京	南京市江宁区水阁路 8 号
102	南京市西善桥历史文化博物馆	其他行业国有博物馆	未定级	南京	西善桥街道寺门口 45 号
103	南京名城老字号博物馆	非国有博物馆	未定级	南京	南京市秦淮区箍桶巷 115 号
104	南京金陵文化博物馆	非国有博物馆	未定级	南京	南京市鼓楼区龙蟠里 20 号
105	励志社博物馆	其他行业国有博物馆	未定级	南京	江苏省南京市玄武区中山东路 307 号（江苏省会议中心）
106	江苏药学博物馆	其他行业国有博物馆	未定级	南京	江苏省南京市江宁区龙眠大道 639 号
107	南京林业大学博物馆	其他行业国有博物馆	未定级	南京	南京市玄武区龙蟠路 159 号
108	南京天文历史博物馆	其他行业国有博物馆	未定级	南京	天文台路 1 号
109	南京奥林匹克博物馆	非国有博物馆	未定级	南京	建邺区河西大街 239 号—6
110	南京中华指纹博物馆	其他行业国有博物馆	未定级	南京	南京雨花区小行路 16 号
111	南京永银钱币博物馆	非国有博物馆	未定级	南京	南京秦淮区应天大街 388 号 C2 栋

序号	名称	性质	等级	城市	地址
112	南京钢铁博物馆	其他行业国有博物馆	未定级	南京	江苏省南京市江北新区卸甲甸街道幸福路 30 号
113	南京市江宁区民俗博物馆	其他行业国有博物馆	未定级	南京	南京市江宁区湖熟街道前杨柳村 459 号
114	傅抱石纪念馆	文物系统国有博物馆	未定级	南京	江苏省南京市汉口西路 132 号
115	南京镜见律师博物馆	非国有博物馆	未定级	南京	江苏省南京市秦淮区中山南路 400 号熙南里街区 20 号 2 号楼
116	南京条约史料陈列馆（南京静海寺纪念馆）	其他行业国有博物馆	未定级	南京	南京市鼓楼区建宁路 288 号
117	南京市高淳区现代陶瓷博物馆	非国有博物馆	未定级	南京	江苏南京高淳经济开发区荆山路 8 号
118	如东县博物馆	文物系统国有博物馆	未定级	南通	江苏省南通市如东县城中街道长江路 89 号
119	南通风筝博物馆	非国有博物馆	未定级	南通	南通市劳动人民文化宫内
120	如皋市红十四军纪念馆	其他行业国有博物馆	未定级	南通	如皋市如城镇福寿东路 148 号
121	南通纺织博物馆	其他行业国有博物馆	未定级	南通	江苏省南通市崇川区文峰路 4 号
122	南通中医药文化博物馆	非国有博物馆	未定级	南通	南通市崇川区环西路华威园 6 号楼

续表

序号	名称	性质	等级	城市	地址
123	审计博物馆	其他行业国有博物馆	未定级	南通	江苏省南通市濠北路 518 号
124	曹用平艺术馆	文物系统国有博物馆	未定级	南通	南通市通州区朝霞路 86 号文博中心一楼
125	南通城市博物馆	其他行业国有博物馆	未定级	南通	南通市环城南路一号
126	苏中七战七捷纪念馆	其他行业国有博物馆	未定级	南通	江苏省海安市长江中路 68 号
127	李昌钰刑侦科学博物馆	其他行业国有博物馆	未定级	南通	南通市如皋镇如城镇圃园新路 199 号
128	海安市青墩遗址博物馆	文物系统国有博物馆	未定级	南通	海安市南莫镇青墩村 3 组 99 号
129	南通市通州忠孝博物馆	文物系统国有博物馆	未定级	南通	南通市通州区东社镇香台村三组
130	苏州中学西马博物馆	其他行业国有博物馆	未定级	苏州	苏州市工业园区港田路 360 号
131	太仓维新遗址陈列馆	文物系统国有博物馆	未定级	苏州	太仓市双凤镇维新村温州工业园
132	常熟市江南农家民俗馆	非国有博物馆	未定级	苏州	常熟市支塘镇蒋巷村
133	苏州中医药博物馆	其他行业国有博物馆	未定级	苏州	苏州市景德路 314 号
134	常熟美术馆	文物系统国有博物馆	未定级	苏州	江苏省常熟市西门大街 117 号
135	朱屺瞻纪念馆	文物系统国有博物馆	未定级	苏州	太仓市浏河镇郑和南路浏河公园内
136	苏州城墙博物馆	其他行业国有博物馆	未定级	苏州	苏州市姑苏区干将东路相门桥堍相门城墙景区内

续表

序号	名称	性质	等级	城市	地址
137	苏州教育博物馆	其他行业国有博物馆	未定级	苏州	苏州市醋库巷44号
138	苏州市吴江区江悦古代木雕造像艺术博物馆	非国有博物馆	未定级	苏州	苏州市吴江区菀坪迎丰街5号
139	常熟市沙家浜革命历史纪念馆	其他行业国有博物馆	未定级	苏州	常熟市沙家浜镇芦苇荡路188号
140	柳亚子纪念馆	文物系统国有博物馆	未定级	苏州	苏州市吴江区汾湖镇黎里社区中心街75号
141	苏州历史货币博物馆	非国有博物馆	未定级	苏州	苏州市斑竹巷7—1号
142	苏州南社纪念馆	非国有博物馆	未定级	苏州	苏州市姑苏区山塘街800号
143	宋文治艺术馆（太仓名人馆）	其他行业国有博物馆	未定级	苏州	江苏省太仓市太平南路38号
144	苏州无言斋民俗博物馆	非国有博物馆	未定级	苏州	江苏省苏州市姑苏区梅花新村44幢2层
145	陆巷社区博物馆	其他行业国有博物馆	未定级	苏州	陆巷古村
146	苏州革命博物馆	其他行业国有博物馆	未定级	苏州	苏州市三香路1216号
147	常熟碑刻博物馆（常熟市城市古迹名胜区管理处）	文物系统国有博物馆	未定级	苏州	常熟市翁府前7号

序号	名称	性质	等级	城市	地址
148	苏州古丰阁门窗家具民艺博物馆	非国有博物馆	未定级	苏州	苏州市姑苏区校场桥路 8 号
149	苏州市吴中区博物馆（苏州吴文化博物馆）	文物系统国有博物馆	未定级	苏州	苏州市吴中区澹台街 9 号
150	沭阳县博物馆	文物系统国有博物馆	未定级	宿迁	沭阳县南部新城南湖路
151	泗阳县博物馆	文物系统国有博物馆	未定级	宿迁	市民东道 32 号
152	宿迁市宿城区博物馆	文物系统国有博物馆	未定级	宿迁	宿城区文体中心红海路 88 号
153	宿迁市宿豫区博物馆	文物系统国有博物馆	未定级	宿迁	宿豫区珠江路 53 号
154	泗阳杨树博物馆	文物系统国有博物馆	未定级	宿迁	泗阳县迎宾大道与水杉大道交会处西 300 米
155	靖江市西来镇农耕文化陈列馆	其他行业国有博物馆	未定级	泰州	靖江市西来镇林园路 8 号
156	新四军黄桥战役纪念馆	其他行业国有博物馆	未定级	泰州	泰兴市黄桥镇致富北路 388 号
157	泰州市烈士陵园（泰州市革命历史纪念馆）	其他行业国有博物馆	未定级	泰州	泰州市海陵区迎春西路 115 号
158	泰州市姜堰区名人馆（泰州市姜堰区高二适纪念馆）	其他行业国有博物馆	未定级	泰州	泰州市姜堰区古田路 1 号

序号	名称	性质	等级	城市	地址
159	中共江浙区泰兴独立支部纪念馆	文物系统国有博物馆	未定级	泰州	江苏省泰兴市古溪镇刁网村
160	泰兴市观道博物馆	非国有博物馆	未定级	泰州	泰兴市鼓楼北路42号
161	杨根思烈士陵园	其他行业国有博物馆	未定级	泰州	泰兴市根思乡宣泰路173号
162	泰州市梅兰芳纪念馆	其他行业国有博物馆	未定级	泰州	泰州市东城河凤凰墩
163	泰兴市革命烈士纪念馆	其他行业国有博物馆	未定级	泰州	江苏省泰兴市鼓楼中路88号
164	泰州单声珍藏文物馆	其他行业国有博物馆	未定级	泰州	东进西路109号
165	泰州市博物馆	文物系统国有博物馆	未定级	泰州	泰州市鼓楼南路297号
166	尹瘦石艺术馆	文物系统国有博物馆	未定级	无锡	江苏省宜兴市解放东路386号宜兴市美术馆内
167	无锡中国乡镇企业博物馆	其他行业国有博物馆	未定级	无锡	江苏省无锡市锡山区东亭中路111号
168	何振梁与奥林匹克陈列馆	其他行业国有博物馆	未定级	无锡	无锡市梁溪区运河公园A区20号
169	无锡祝大椿故居陈列馆	其他行业国有博物馆	未定级	无锡	梁溪区伯渎巷117号
170	江阴周少梅故居陈列馆	其他行业国有博物馆	未定级	无锡	江阴市顾山镇香山南路51号
171	姚桐斌故居陈列馆	其他行业国有博物馆	未定级	无锡	锡山区东港镇黄土塘村老街

序号	名称	性质	等级	城市	地址
172	江阴市吴文藻冰心故居陈列馆	其他行业国有博物馆	未定级	无锡	江苏省江阴市夏港街道办事处夏东村沿河东路
173	江阴上官云珠故居陈列馆	其他行业国有博物馆	未定级	无锡	江阴市长泾镇河北街 152 号
174	江阴市国民党要塞司令部旧址文物保护管理所	文物系统国有博物馆	未定级	无锡	江阴市人民中路 60 号
175	无锡中国民族工商业博物馆	文物系统国有博物馆	未定级	无锡	无锡市梁溪区振新路 415 号
176	无锡美术馆（无锡市书画院）	文物系统国有博物馆	未定级	无锡	无锡市梁溪区县前西街 79 号
177	无锡华夏生肖博物馆	非国有博物馆	未定级	无锡	无锡市滨湖区湖滨路 11 号
178	无锡薛南溟故居陈列馆	其他行业国有博物馆	未定级	无锡	梁溪区知足桥路 17 号
179	无锡华蘅芳故居陈列馆	其他行业国有博物馆	未定级	无锡	无锡市锡山区荡口古镇景区仓河北街新当里
180	无锡吴都阖闾城遗址博物馆	其他行业国有博物馆	未定级	无锡	无锡市滨湖区闾江 2 号
181	无锡薛福成故居	文物系统国有博物馆	未定级	无锡	无锡市学前街 152 号
182	陆定一祖居陈列馆	其他行业国有博物馆	未定级	无锡	无锡市惠山区堰桥街道天一社区老陆巷 4 号
183	孙冶方纪念馆	其他行业国有博物馆	未定级	无锡	无锡市惠山区玉祁街道礼社村老街

序号	名称	性质	等级	城市	地址
184	薛暮桥纪念馆	其他行业国有博物馆	未定级	无锡	无锡市惠山区玉祁街道礼社老街
185	张闻天旧居	文物系统国有博物馆	未定级	无锡	无锡市汤巷 45号
186	江阴市中共江阴一大会址纪念馆	其他行业国有博物馆	未定级	无锡	江阴市周庄镇陶城村耿家住基
187	江阴市革命烈士纪念馆	其他行业国有博物馆	未定级	无锡	江阴市双拥路 8号
188	无锡市名人故居文物管理中心	文物系统国有博物馆	未定级	无锡	江苏省无锡市崇宁路 112 号
189	无锡中共中山中学旧址纪念馆	其他行业国有博物馆	未定级	无锡	锡山区鹅湖镇南三公路
190	无锡得一堂民间艺术品博物馆	非国有博物馆	未定级	无锡	南禅寺 110—26/110—226
191	江阴张大烈故居陈列馆	其他行业国有博物馆	未定级	无锡	江阴市长泾镇河南街南巷门 33号
192	无锡窑群遗址博物馆	其他行业国有博物馆	未定级	无锡	梁溪区大窑路27 号
193	宜兴市徐悲鸿纪念馆	文物系统国有博物馆	未定级	无锡	江苏省宜兴市解放东路 386 号
194	无锡新四军六师师部陈列馆	其他行业国有博物馆	未定级	无锡	江苏省无锡市锡山区锡北镇寨门村诸巷

序号	名称	性质	等级	城市	地址
195	无锡市民间蓝印花布博物馆	非国有博物馆	未定级	无锡	无锡市惠山区钱桥街道中富美林湖南面（无锡市华锐实验小学内）
196	江阴市高城墩遗址陈列馆	文物系统国有博物馆	未定级	无锡	江阴璜土镇高栗村
197	王昆仑故居陈列馆	其他行业国有博物馆	未定级	无锡	鼋渚路 1 号鼋头渚景区内
198	无锡信利博物馆	非国有博物馆	未定级	无锡	无锡市金城西路山水湖滨花园二期 398 号
199	无锡新四军江抗东进纪念馆	其他行业国有博物馆	未定级	无锡	无锡市新吴区梅村街道梅里路 96 号
200	无锡市钱锺书故居	文物系统国有博物馆	未定级	无锡	无锡市梁溪区新街巷 30 号—1
201	无锡中国泥人博物馆	其他行业国有博物馆	未定级	无锡	无锡市梁溪区宝善街 18 号
202	王选事迹陈列馆	其他行业国有博物馆	未定级	无锡	江苏省无锡市解放东路 867 号—1
203	顾毓琇纪念馆	文物系统国有博物馆	未定级	无锡	无锡市学前街 3 号
204	阿炳纪念馆	其他行业国有博物馆	未定级	无锡	无锡市梁溪区图书馆路 30 号
205	阿炳祖居	其他行业国有博物馆	未定级	无锡	锡山区东亭街道春合社区三大房 100 号
206	无锡市东林书院管理中心	文物系统国有博物馆	未定级	无锡	江苏省无锡市解放东路 867 号
207	丰县博物馆	文物系统国有博物馆	未定级	徐州	丰县解放路 7—9 号

序号	名称	性质	等级	城市	地址
208	睢宁县博物馆	文物系统国有博物馆	未定级	徐州	睢宁县永安路文化艺术中心
209	徐州市非物质文化遗产馆	其他行业国有博物馆	未定级	徐州	徐州市户部山崔家巷2号
210	徐州市贾汪区白集汉墓陈列馆（徐州市贾汪区白集汉墓管理处）	文物系统国有博物馆	未定级	徐州	徐州市贾汪区工业园区白集村委会东100米
211	李可染旧居管理处	其他行业国有博物馆	未定级	徐州	徐州市云龙区建国东路广大北巷16号
212	沛县博物馆	文物系统国有博物馆	未定级	徐州	沛县新城区汉邦路文化中心
213	阜宁县博物馆	文物系统国有博物馆	未定级	盐城	阜宁县射河北路15号
214	中共华中工委纪念馆	文物系统国有博物馆	未定级	盐城	射阳县后羿公园西侧嫦娥路16号
215	盐城市大丰区野鹿荡本场人文化博物馆	非国有博物馆	未定级	盐城	大丰区川东野鹿荡文化生态保护实验区
216	建湖县博物馆	文物系统国有博物馆	未定级	盐城	建湖县双湖路66号
217	盐城市盐都区博物馆	文物系统国有博物馆	未定级	盐城	盐城市解放南路盐渎明城1号楼
218	滨海县博物馆	文物系统国有博物馆	未定级	盐城	昌兴壹城商业街C1楼
219	东台市博物馆	文物系统国有博物馆	未定级	盐城	江苏省东台市广场路10号

序号	名称	性质	等级	城市	地址
220	盐城市大丰区上海知青纪念馆	文物系统国有博物馆	未定级	盐城	盐城市大丰区上海农场元华旧址
221	盐城市大丰区博物馆	文物系统国有博物馆	未定级	盐城	盐城市大丰区飞达东路 88 号
222	扬州中国大运河博物馆	文物系统国有博物馆	未定级	扬州	扬州市广陵区运博路 1 号
223	高邮市邮驿博物馆	文物系统国有博物馆	未定级	扬州	高邮市馆驿巷 19 号
224	朱自清纪念馆	文物系统国有博物馆	未定级	常州	扬州市广陵区文昌中路安乐巷 27 号
225	高邮市集邮家博物馆	文物系统国有博物馆	未定级	镇江	高邮市馆驿巷 13 号
226	宝应县周恩来少年读书处	文物系统国有博物馆	未定级	镇江	宝应县县南街水巷口 3 号
227	扬州市江都区博物馆	文物系统国有博物馆	未定级	镇江	扬州市江都区龙川广场东南侧
228	句容市博物馆	文物系统国有博物馆	未定级	镇江	句容市葛仙湖公园内
229	新四军四县抗敌总会纪念馆	文物系统国有博物馆	未定级	镇江	江苏省镇江市丹徒区宝堰镇东大街 82 号
230	镇江永泰昌博物馆	非国有博物馆	未定级	镇江	镇江市润州区灵鹫巷 40 号
231	丹阳市博物馆	文物系统国有博物馆	未定级	镇江	丹金路 1 号
232	镇江红色金融钱币专题博物馆	其他行业国有博物馆	未定级	镇江	丹阳市城河路
233	丹阳市总前委旧址纪念馆	文物系统国有博物馆	未定级	镇江	丹阳市宝塔弄 5 号

续表

序号	名称	性质	等级	城市	地址
234	丹阳市怡情轩博物馆	非国有博物馆	未定级	镇江	丹阳市西环路21号
235	冷遹纪念馆	文物系统国有博物馆	未定级	镇江	镇江市丹徒区冷遹纪念馆
236	扬中市博物馆	文物系统国有博物馆	未定级	镇江	扬中市三茅街道南江路799号

2. 档案馆

与博物馆相比,档案馆中的革命文物数量也不可小觑。以江苏省档案馆为例,截至2022年底,江苏省档案馆馆藏档案资料629个全宗,140万卷,历史跨度超500年,包括明清档案、民国档案、革命历史档案和新中国成立后的档案四大部分,尤其是革命历史档案和新中国成立后的档案两大部分,是珍贵的革命文物。

据统计,江苏省除了江苏省档案馆、南京市档案馆、无锡市档案史志馆、徐州市档案馆、常州市档案馆、苏州市档案馆、南通市档案馆、连云港市档案馆、淮安市档案馆、盐城市档案馆、扬州市档案馆、镇江市档案馆、泰州市档案馆和宿迁市档案馆等14家档案馆外,还有句容市档案馆、盐城市城建档案馆、张家港市城建档案馆、苏州高新区(虎丘区)档案馆、苏州市工商档案管理中心(苏州市市级机关文档管理中心)、张家港市档案馆、南京市高淳区档案馆、无锡市崇安区档案馆、无锡市滨湖区档案馆、无锡市新区档案馆、苏州工业园区档案馆、如皋市档案馆、海门市档案馆、南通市通州区档案馆、建湖县档案馆、东台市档案馆、丹阳市档案馆、扬中市档案馆、泰兴市档案馆、睢宁县档案馆、如东县档案馆、南通市港闸区档案馆、盐城市大丰区档案馆、镇江市京口区档案馆、南京教育史馆（百年一中校史陈列馆）等档案馆逾百家。

图 2.11　江苏省档案馆

近年来，各档案馆也在积极利用其馆藏革命文物，形式多样，成果丰富。如学术出版方面，先后整理出版了《江苏百件红色珍档》《永久的记忆——档案中的江苏抗战》《扬州市邗江区革命老区发展史》《黄海前哨剿特记》《侵华日军战犯徐州审判档案汇编》等多部著作；陈列展览方面，充分利用馆藏革命文物的丰富多样，策划了"建党百年初心如磐——长三角红色档案珍品展""书信家国尺牍情深——弘扬伟大建党精神长三角档案联展"等重要展览，在建党百年之际充分展示了党在长三角地区一步一血汗的奋斗历程和取得的恢宏成就；在社会教育方面,"档案里的苏州解放记忆"、无锡"奋进新征程 档案伴我行"等青少年主题实践活动,以爱国主义教育为主旨,普及档案知识,培养档案意识,引导青少年传承革命精神。以上多种形式的学术成果及实践活动,无不是档案馆中的革命文物活化利用成果的体现。

图 2.12 苏州革命博物馆

第二节 江苏红色资源的主要类别

红色资源是中国共产党在长期奋斗中形成的珍贵资源,内涵丰富,并可与现实结合,形成红色资源的新内涵。红色资源常常被分为有形的红色资源和无形的红色资源两部分,前者包括革命遗址、革命文物以及在历史遗存基础上建立起来的烈士陵园、博物馆、展览馆、纪念馆等,后者包括政治思想、政党制度、价值观念等,往往以附着在有形资源上的形式存在。较之有形的红色资源,无形的红色资源也同样珍贵,甚至于如果没有无形的红色资源,有形的红色资源将失去其精神领域的丰厚价值。总体来看,红色资源基本可以分为以下几类。

一、精神类红色资源

江苏作为红色资源的大省,是中国共产党孕育锤炼、铸造形成伟大精神的重要区域。在江苏蕴藏着许多精神类的红色资源,举其重要者,主要有雨花英烈精神、铁军精神、梅园精神、淮海战役精神、周恩来精神等项。

图 2.13　人民英雄纪念碑浮雕——胜利渡长江 解放全中国

自 1927 年蒋介石集团发动四一二反革命政变开始,至 1949 年 4 月 23 日南京解放,江苏地区无数共产党人和爱国志士为中国革命献出了自己的宝贵生命。南京雨花台就是这些烈士的集中殉难地之一。2014 年，习近平总书记在视察江苏时指出，在党的初创时期和大革命时期，江苏是我们党活动的重要区域。在雨花台留下姓名的烈士就有 1519 名。他们的事迹展示了共产党人的崇高理想信念、高尚道德情操、为民牺牲的大无畏精神。这就是雨花英烈精神的精神内涵。革命先烈们为了革命的胜利和共产主义理想的实现，英勇奋斗，不怕牺牲，视死如归，是我们需要珍惜的宝贵财富，也是激励人民不断开拓前进的强大精神力量。

"铁军精神"是抗日战争时期新四军精神的高度总结和集中体现。"铁军"之名最早应该追溯至北伐战争时期的国民革命军第四军叶挺独立团。叶挺独立团之所以战斗力强悍，在北伐战争中立下了赫赫战功，最重要的原因就是共产党员是该团的骨干成员。北伐战争结束后，中国进入了土地革命时期。由于日本帝国主义的入侵，国共两党高举抗日大旗，停止内战，一致对外，实现了第二次合作，中国共产党留在南方的武装力量被改编为新四军，叶挺担任军长。皖南事变后，新四军军长叶挺被扣，政委项英遇害，后由陈毅等人重建新四军。在抗日战争中，新四军一步步由小到大、由弱到强，与日伪军浴血奋战，共作战 2.46 万余次，击毙日伪军 29.37 万人，俘日伪军 12.42 万余人，还有 5.4 万余日伪军官兵投诚、反正，开辟了大量的根据地，为抗日战争的胜利作出了极大的贡献，也用鲜血浇灌出了新四军的铁军精神。听党指挥、对党忠诚是铁军精神之魂，为民服务、无私奉献是铁军精神的重要内核，英勇奋斗、果敢担当是铁军精神的重要表现,纪律严明、作风优良是铁军精神的重要基石。①

抗日战争结束后,国共两党为商讨和平建国的方案在南京进行了长达一年的谈判,中国共产党代表团由周恩来率领,成员有邓颖超、董必武、李维汉、廖承志、钱瑛等人,驻地即为梅园新村,包括梅园新村 17 号、30 号、35 号三栋住所。在南京谈判期间,中共代表团做了大量的工作,宣传了中国共产党的方针政策,揭露了国民党假和谈、真内战的真实面目,中国共产党人用忠诚与英勇、坚韧与顽强、担当与奉献、自律与团结诠释了"梅园精神"。

解放战争时期,淮海战役是不容忽视的一次重大胜利。人民解放军在短短 60 余天的时间内,创造了 60 万人战胜 80 万人的战争奇迹,而且在淮海战役中歼灭和俘获的国民党军队均为国民党政权的主力精锐部队,一举奠定了中国共产党在解放战争中的优势地位,加速了平津战役的胜利,加快了全国解放的步伐。淮海战役不仅仅是军事斗争的胜利,还蕴含着珍贵而丰富的精神内涵,具体而言,蕴含着科学运筹、果敢决断的担当精神,蕴含着听党指挥、忠诚可靠的看齐意识,蕴含着一往无前、英勇善战的战斗精神,蕴含着依靠群众、相信群众的支前精神。②

---

① 叶茂楼:《新四军和铁军精神》,《学习时报》2021 年 1 月 18 日。

② 王相坤:《淮海战役的历史贡献及其宝贵精神》,《人民日报》2018 年 7 月 4 日。

周恩来是中国共产党的杰出党员,终其一生都在为中华民族、共产主义而奋斗。在纪念周恩来同志诞辰 120 周年座谈会上,习近平总书记指出,周恩来同志是不忘初心、坚守信仰的杰出楷模;周恩来同志是对党忠诚、维护大局的杰出楷模;周恩来同志是热爱人民、勤政为民的杰出楷模;周恩来同志是自我革命、永远奋斗的杰出楷模;周恩来同志是勇于担当、鞠躬尽瘁的杰出楷模;周恩来同志是严于律己、清正廉洁的杰出楷模。① 这正是周恩来精神最准确的概括和最生动的总结。周恩来精神不仅需要全体党员学习,还需要全社会学习。

二、人物类红色资源

中国共产党在江苏地区的长期奋斗中,涌现出了许多为共产主义事业奋斗终生的杰出人物,有周恩来、张太雷、恽代英这样的江苏籍先贤,也有罗登贤、邓中夏这样在江苏大地长期进行革命斗争的英雄。在长时间的革命斗争中,还有众多为了革命胜利和共产主义实现而献出宝贵生命的烈士。

在"中华英烈网"统计的烈士名录中,江苏各地共收录烈士 103543 人,其中南京 3736 人、无锡 2906 人、徐州 10222 人、常州 4099 人、苏州 2197 人、南通 20554 人、连云港 6120 人、淮安 8836 人、盐城 15942 人、扬州 4299 人、镇江 2586 人、泰州 10010

---

① 《中共中央举行纪念周恩来同志诞辰 120 周年座谈会 习近平发表重要讲话》,新华社,2018 年 3 月 1 日,http://news.cnr.cn/native/gd/20180301/t20180301_524148993.shtml。

人、宿迁 12036 人。可见江苏在革命中付出的牺牲和作出的贡献。需要指出的是,在"中华英烈网"中记录的都是留下姓名的烈士,还有大批无名烈士并未被收录,这些无名烈士的人数无疑远超留下姓名的烈士人数。详见下表。

表 2.2　江苏省各地区烈士人数一览表

地区		人数	合计
南京市	玄武区	190	3736
	秦淮区	238	
	建邺区	67	
	鼓楼区	382	
	浦口区	140	
	栖霞区	62	
	雨花台区	43	
	江宁区	651	
	六合区	1026	
	溧水区	415	
	高淳区	522	
	江北新区	0	

地区		人数	合计
无锡市	锡山区	371	2906
	惠山区	134	
	滨湖区	252	
	梁溪区	299	
	新吴区	245	
	江阴市	759	
	宜兴市	846	
	无锡市经济技术开发区	0	
徐州市	鼓楼区	43	10222
	云龙区	270	
	贾汪区	281	
	泉山区	120	
	铜山区	1177	
	丰县	1322	
	沛县	1586	
	睢宁县	1630	
	徐州经济技术开发区	58	
	新沂市	1829	
	邳州市	1906	

续表

地区		人数	合计
常州市	天宁区	48	4099
	钟楼区	36	
	新北区	98	
	武进区	1826	
	金坛区	937	
	溧阳市	1154	
苏州市	虎丘区	97	2197
	吴中区	256	
	相城区	141	
	姑苏区	112	
	吴江区	86	
	苏州工业园区	0	
	常熟市	739	
	张家港市	431	
	昆山市	101	
	太仓市	234	

地区		人数	合计
南通市	崇川区	376	20554
	港闸区	87	
	通州区	2980	
	如东县	5179	
	启东市	2988	
	如皋市	3838	
	海门市	1796	
	海安市	3310	
连云港市	连云区	29	6120
	海州区	109	
	赣榆区	1978	
	东海县	1557	
	灌云县	1250	
	灌南县	1181	
	连云港经济技术开发区	8	
	连云港高新技术产业开发区	8	

续表

地区		人数	合计
淮安市	淮安区	1484	8836
	淮阴区	1439	
	清江浦区	227	
	洪泽区	455	
	涟水县	2788	
	盱眙县	1375	
	金湖县	949	
	淮安经济技术开发区	119	
盐城市	亭湖区	419	15942
	盐都区	2001	
	大丰区	2110	
	响水县	860	
	滨海县	1664	
	阜宁县	3236	
	射阳县	1733	
	建湖县	1311	
	盐城经济技术开发区	257	
	东台市	2290	
	盐南高新技术产业开发区	61	

地区		人数	合计
扬州市	广陵区	176	4299
	邗江区	142	
	江都区	1247	
	宝应县	1071	
	扬州经济技术开发区	29	
	仪征市	35	
	高邮市	1597	
	扬州市生态科技新城	0	
	扬州市蜀冈瘦西湖风景名胜区	2	
镇江市	京口区	8	2586
	润州区	5	
	丹徒区	283	
	镇江新区	2	
	丹阳市	1133	
	扬中市	578	
	句容市	577	
	镇江高新技术产业开发区	0	

续表

地区		人数	合计
泰州市	海陵区	103	10010
	高港区	428	
	姜堰区	984	
	泰州医药高新技术产业开发区	39	
	兴化市	3136	
	靖江市	1496	
	泰兴市	3824	
宿迁市	宿城区	999	12036
	苏州宿迁工业园	暂缺	
	宿豫区	1879	
	沭阳县	4129	
	泗阳县	2474	
	泗洪县	2539	
	宿迁经济技术开发区	15	
	宿迁市湖滨新区	1	
总计		103543	

三、文艺类红色资源

在中国共产党长期的革命历史中,红色文艺作品是红色资源十分重要的组成部分。无论是《红岩》《红旗谱》《暴风骤雨》《山乡巨变》《保卫延安》《林海雪原》《吕梁英雄传》《铁道游击队》等经典文学作品,还是《智取威虎山》《红灯记》《沙家浜》《海港》《奇袭白虎团》《红色娘子军》《白毛女》等红色戏曲,都是经受了时代考验的代表之作,这些红色文艺作品反映了革命英雄的事迹,弘扬了革命斗争的精神,是红色资源中不容忽视的文艺宝藏。

具体到江苏而言,最广为人知的莫过于京剧《沙家浜》。京剧《沙家浜》是艺术舞台上的著名红色作品,突出表现了文艺类红色资源的特点。它的创作来源于战地记者崔左夫在新中国成立后写的纪实文学《血染着的姓名——三十六个伤病员斗争纪实》和沪剧《芦荡火种》。前者讲述了抗日战争期间,36个抗日义勇军的伤病员在阳澄湖养伤,在极其恶劣的条件下保存自己打击敌人不断发展壮大的故事。该纪实文学被上海沪剧团改变为戏曲,基本奠定了如今戏曲舞台的基本框架,即以地下党员阿庆嫂为第一主角,讲述了阿庆嫂在当地群众配合下掩护伤病员,与敌人斗智斗勇,终于取得胜利的故事。《沙家浜》以极高的艺术水准迅速征服了全国观众,风靡大江南北。

在新时代,如何利用好丰厚的红色文化土壤,创作更好的文艺作品,提升作品的表现力和感染力,丰富文艺类红色资源,是江苏的文艺工作者正在面临和努力回答的重大课题。近年来江苏已经创造了一批优秀的红色文艺作品,利用红色资源初显成效。比如江苏省文化厅出品的情景朗诵剧《一代楷模》,再现了一代伟人周恩来光辉伟大的一生;江苏省昆剧院的昆剧《瞿秋白》歌颂了瞿秋白对党的事业的无限忠诚;常州市滑稽剧团的滑稽戏《陈奂生的吃饭问题》以喜剧的形式用农民的视角回顾了改革开放史;以张太雷为原型创排的锡剧《烛光在前》,入选"庆祝中国共产党成立100周年优秀舞台艺术作品展演"目录;新沂市柳琴剧团的柳琴戏《在水一方》书写了运河儿女脱贫攻坚的故事;徐州市歌舞剧院与江苏省歌舞剧院联合打造的歌舞剧《攀登·攀登》则歌颂了徐工科研团队不怕困难、矢志不渝的精神……可以想见,随着对红色资源的深入开发,更多优秀的文艺作品将会不断涌现,这些红色文艺经典作品引领前进方向、凝聚奋进力量,从而能够有效利用红色资源,弘扬红色文化。

第三章　江苏革命文物保护与红色资源活化利用的主要做法

党的二十大报告提出，要"弘扬以伟大建党精神为源头的中国共产党人精神谱系，用好红色资源"，"加大文物和文化遗产保护力度，加强城乡建设中历史文化保护传承"，"坚持以文塑旅、以旅彰文，推进文化和旅游深度融合发展"。这一系列战略部署，是新时代传承和发展红色文化的行动指南，为深入挖掘红色资源、大力弘扬红色文化提供了重要指导和遵循。

江苏是中国共产党最早建立组织并开展活动的地区之一，在江苏大地上有数量众多、独具特色、极为珍贵的以革命遗址（迹）为主的红色文化，走出了周恩来、瞿秋白、张太雷、恽代英等诸多党的早期领导人，也孕育了周恩来精神、雨花英烈精神、淮海战役精神、新四军铁军精神等红色革命精神。这些红色文化资源是100多年来中国共产党在长期奋斗中构建起中国共产党人的精神谱系的重要组成部分，是中国共产党革命精神的生动写照和集中体现。党的十八大以来，习近平总书记多次视察江苏，殷切希望江苏要注意用好用活丰富的党史资源，使之成为激励人民不断开拓前进的强大精神力量。近年来江苏组织有关部门不断创新举措，深挖红色家底、讲好红色故事，推动江苏丰富用好用活红色文化资源的新实践。

为扛起"争当表率、争做示范、走在前列"光荣使命，建成社会主义文化强国先行区，2022 年 1 月，江苏发布"十四五"文化发展规划，力争推动文化高质量发展，提高全社会文明程度。在规划中江苏做好顶层设计，多角度、全方位部署全省革命文物和红色资源的保护和活化利用工作。江苏各地级市政府，也纷纷就革命遗址保护、革命文物征集、红色资源的开发与宣传等内容出台相关政策文件与法规，加强对江苏地域内革命文物和红色资源的保护与利用的政策支撑。江苏省文化和旅游厅切实加强革命文物保护利用工作，按照《江苏省革命文物保护利用工程实施办法》要求，推进实施革命文物定期排查行动、革命文物重点保护行动、革命文物展陈提升行动等三大重点任务，让革命文物在新时代绽放新光彩。

第一节　注重整体布局，加强革命文物红色文化资源系统保护

一、摸清革命文物家底，提高保护等级

加强文物保护是推动文化事业高质量发展、建设文化强省

的重要任务。革命文物是不可再生、不可替代的珍贵资源,对其进行系统保护是首要任务和重中之重。2019年3月,江苏省政府公布第八批省级文物保护单位,其中包括了南京六合县竹镇抗日民主政府旧址、新四军六师师部旧址等14处红色革命文物。10月,国务院核定并公布第八批全国重点文物保护单位,其中江苏的八路军驻南京办事处旧址、黄花塘新四军军部旧址、新四军盐阜区抗日阵亡将士纪念塔、淮安中共中央华中分局旧址等4处红色革命文物入选。近年来,江苏省内馆藏革命文物藏品数量不断增长,2015年至2019年,每年分别新增藏品837件/套、1384件/套、1566件/套、1338件/套、1985件/套。

图3.1 盐城中共中央华中局纪念馆

2021 年公布的《江苏革命文物名录（第一批）》，其中不可移动文物 447 处，可移动文物 8759 件/套。其中全国重点文物保护单位 21 处，省级文物保护单位 69 处，市县级文物保护单位 357 处；其中南京市 28 处，无锡市 32 处，徐州市 29 处，常州市 27 处，苏州市 25 处，南通市 33 处，连云港市 15 处，淮安市 35 处，盐城市 64 处，扬州市 60 处，镇江市 28 处，泰州市 39 处，宿迁市 32 处。江苏现有已备案革命类博物馆、纪念馆 39 家，其中国家一级馆 4 家、二级馆 3 家、三级馆 6 家。馆藏国有可移动革命文物 87696 件/套，其中一级文物 337 件/套、二级文物 1217 件/套、三级文物 7205 件/套；馆藏量前三位分别是：镇江市（18013 件/套）、常州市（11413 件/套）、徐州市（10916 件/套）。

这些革命文物见证了自 1840 年以来江苏大地上波澜壮阔的革命历史，展示了江苏红色文化资源的丰富谱系，彰显了周恩来精神、雨花英烈精神、新四军铁军精神和淮海战役精神等最具江苏特色的 4 种革命精神。其中不可移动文物包括大量见证中国革命史的遗址和纪念地，既有周恩来故居、瞿秋白故居等名人故居，也有中山陵、雨花台烈士陵园、新四军盐阜区抗日阵亡将士纪念塔等革命先驱者、革命先烈的安葬地和陵园，还有新四军重建军部旧址、人民海军诞生地旧址这样的重大事件发生地。可移动文物中同样有大量珍贵的历史见证物，如 1912 年孙中山遗墨"奋斗"，1946 年国共谈判期间马歇尔送给周恩来的公文包，1945 年美国城堡影片公司发行的第二次世界大战日本投降实况影片《Japan's Surrender》（《日本投降实况》），渡江战役使用船只"京电号"小火轮及船用工具,20世纪初邓中夏烈士上小学时的抄写本,淮海战役中山东泗水县担运团模范车子连民工范德文、范振德支前时运军粮的独轮车,1955年钟期光上将授衔时穿的礼服等。

图3.2　新四军淮北解放区抗日阵亡将士纪念塔

在此基础上,2021年5月,江苏率先启动构建革命文物体系建设,建立完善"江苏革命文物资源数据库",有计划分批次公布革命文物名录,推进革命文物资源信息开放共享。江苏各地还加大了对革命文物和红色资源征集工作的力度和范围,对全省革命遗址遗迹、纪念设施、文物藏品等进行定期排查,加强对革命文献档案资料、口述史资料的调查、征集和整理。从2019年起,南京雨花台烈士纪念馆启动"红星计划"文物征集活动,纪念馆文物征集小组赴北京等地进行了实地走访,抢救性地征集到多种重要史料。如蔡寿民烈士后代向雨花台捐赠了家族珍藏50多年的蔡寿民烈士的衬衣纽扣,这也是烈士留下的唯一遗物;项英烈士女儿项苏云提供的两张项英烈士合影和一套项英文集,不仅填补了纪念馆展陈空白,也丰富了烈士研究史料;邓中夏烈士家属桂琪女士将两代人研究心血全部捐献给雨花台烈士纪念馆,希望借此"让后代记着我们今天的生活得来不易",此外纪念馆还获得了社会捐赠的著名建筑学家杨廷宝关于雨花台烈士陵园的设计手稿、陶家齐烈士史料等一批珍贵藏品。茅山新四军纪念馆,作为全国唯一新四军全史馆,始终将文物征集保护作为工作重心,近几年奔赴全国各地征集文物史料2000余件,如征集整理了千余位新四军老战士口述历史的史料,打造了全国首个数字化新四军口述历史展厅。江苏高校、科研机构、党史研究部门和革命纪念馆也共同推进口述史料的采集与整理,并取得重要突破。如南京师范大学抗日战争研究中心与南京民间抗日战争博物馆从2012年起启动抗战老兵口述资料抢救整理与数据库建设工作,共走访1600余名抗战老兵,拍摄录制了数千小时的影像、录音资料,已出版《烽火记忆——百名抗战老战士口述史》《南京保卫战老兵口述史》等相关成果,建成全国性的抗日老战士口述史资料影像数据库等。这些征集活动有效摸清了全省革命文物家底,为进一步做好文物保护和活化利用工作奠定了坚实的文物基础。

图3.3 新四军四师司令部旧址

二、在完善法规制度中加强保护

为健全红色文化资源保护法规体系,江苏省先后颁布《关于加强革命历史类纪念设施、遗址和爱国主义教育基地工作的实施意见》《江苏省英雄烈士纪念设施保护管理办法》,以立法的方式为红色资源"保驾护航"。全省各地也相继推进相关制度法规建设,如《盐城市革命遗址和纪念设施保护条例》《南京市红色文化资源保护利用条例》《苏州市革命文物保护利用工程实施办法》等法规的出台,使红色文化资源保护利用有法可依,为革命文物保护划明了法律红线和底线。

图3.4　中共中央华中局党校旧址

在中国近代史上,江苏涌现了无数为争取民族独立、人民自由幸福而献身的革命烈士,现存的各类烈士纪念设施已成为传承烈士精神的重要载体。根据《中华人民共和国英雄烈士保护法》《烈士褒扬条例》等国家性的法律、法规,结合本省实际,在全面总结经验、深入调查研究、广泛听取各方意见建议的基础上,《江苏省英雄烈士纪念设施保护管理办法》自 2022 年 2 月 1 日起施行。该办法有利于完善省内英雄烈士纪念设施保护管理体系,促使各地各部门各单位认真履行英雄烈士纪念设施保护管理职责,对进一步加强江苏省内英雄烈士纪念设施的建设、保护、管理和运用,传承和弘扬英雄烈士事迹与精神,培育和践行社会主义核心价值观具有重要的指导意义。

图 3.5　中国人民解放军海军诞生地纪念馆

具体到省内各地区的保护政策上,2018年12月实施的《盐城市革命遗址和纪念设施保护条例》,不但是盐城市首部历史文化保护方面的地方性法规,也是江苏省首部红色文化资源保护方面的地方性法规。其第9条明确规定:任何组织和个人都有保护革命遗址和纪念设施的义务,有权对破坏、损毁革命遗址和纪念设施的行为进行制止或者举报。鼓励自然人、法人和非法人组织通过捐赠等方式参与革命遗址和纪念设施保护。该条例把革命遗址和纪念设施保护利用纳入法治化的轨道,在现实中发挥了重要作用。如2022年4月盐城市建湖县检察院就按照《中华人民共和国文物保护法》《盐城市革命遗址和纪念设施保护条例》等相关规定,向有关主管部门和镇区发出检察建议书,对当地一处毁坏的新四军军部旧址实施遗址保护。不但明确了遗址的保护范围和建设控制地带,给遗址量身制定了具体保护措施,确定保护管理责任人,并制作了文物保护石碑,在遗址现场作出标识说明,郑重记录下这段新四军军部转战北左庄的抗战往事。

2021年7月1日起,《南京市红色文化资源保护利用条例》施行,成为全国首部地方性保护和利用红色文化资源的法规,南京市红色文化资源保护进入有法可依的时代。该条例强调,任何单位和个人都有依法保护红色文化资源的义务,有权对破坏、损毁或者歪曲、丑化、亵渎、否定红色文化资源的行为进行劝阻、制止、检举或者控告,同时规定明确了违法行为的后果。2022年4月5日起,《南京市雨花台烈士陵园保护条例》也正式施行。两部条例共同构成南京红色文化资源保护"点面结合、相互呼应"的立法体系,形成在江苏乃至全国都独树一帜的保护利用法规体系和红色资源立法实践。

图 3.6　雨花台忠魂亭

　　2021 年 12 月公布的《苏州市革命文物保护利用工程实施办法》则有益于推动革命文物保护从单体保护向旧址群体保护转变,从本体保护向本体与周边环境一体保护转变,形成串点连线、连片保护的良好格局。该实施办法中关于加强苏州市革命文物和红色资源保护的具体措施,包括夯实革命文物工作基础,开展革命文物资源排查和数据库建设行动,加强对苏州市革命文物和革命文献档案史料、口述资料等材料的抢救性征集,实施革命文物分级分类保护管理。建立革命文物保护体系,切实加强革命文物系统保护,实施革命旧址保护修缮重点工程,实施革命文物保护利用和展示工程等。通过完善保护机制,加快建立力量充实、素质过硬的基层革命文物保护队伍,更能在地方上推动形成革命文物资源统一保护、协作开发、合理利用、共同管理的长效工作机制。

图 3.7　常熟县人民抗日自卫会纪念馆

三、在规范开发利用中加强保护

围绕全省红色文化资源开发保护,江苏省还先后制定了《江苏省文物保护工程检查管理办法(试行)》《江苏省文物保护工程竣工验收管理办法（试行）》等系列制度规范，并积极组织实施"江苏省红色遗产、名人故居维修保护和展示提升专项工程""革命文物排查强基"等多项工程，有效地修缮了一批红色革命文物、名人故居、红色遗产等，提高了江苏省内市县级红色革命文物的保存和展示利用水平。

在省级规范和协同保护下，南京市不断深挖红色文化家底，对全市梳理出的 165 处红色文化资源点进行了规划编制，于 2019 年制定并公布了《南京市红色文化资源保护与利用专项规划》和《南京市红色文化资源保护利用三年行动计划（2019—2021）》。该规划构建了"三区、两线、十三片"红色文化资源保护利用空间格局、形成了"四级四类"保护控制体系，有效保护南京现有红色资源。其中"三区、两线、十三片"的空间格局是依据南京红色革命脉络、山川形胜本底条件及红色文化资源分布特点，结合国土空间规划，利用道路和水系，串联整合沿线各类资源、开敞空间等要素，连点、串线、构面构成。"三区"指北部竹镇—金牛湖、中部主城、南部横山—淳溪三个红色文化集聚区，"两线"为东、西两条区域联络线，"十三片"为雨花英烈片、长江路迎接解放片、两浦铁路工人革命斗争片等 13 个主题片。"四级四类"保护体系为指定保护、登录保护、规划控制、保护性展示等四级保护体系以及对建筑群、革命遗址遗迹、纪念性设施建筑等三类物质资源和一类非物质资源即非物质文化共四类红色文化资源的多元化保护利用要求。据此，全市 165 处红色文化资源"串珠成链"，通过"红色地图"，市民可以很方便地深入南京的大街小巷、广袤乡村,寻访红色印记,感受信仰之光。

图 3.8　溧高县抗日民主政府大会堂纪念馆

扬州市加强革命文物保护利用,强化大型基本建设考古前置工作,在全省率先制定出台《扬州市政府关于全面推进考古前置工作的实施意见》。新四军苏北指挥部旧址东西区域修缮方案通过省文物局审批,新四军苏北指挥部旧址等 7 个项目得到国家、省级专项资金补助。此外,扬州还强化保护质态,成功修缮苏北指挥部旧址主体建筑,打造提升了宝应周恩来少年读书处、华中雪枫大学旧址等 10 处红色旅游景区质态,有力保障了革命文物保护单位的保存现状和完好率。

南通市通过完善全市范围内革命文物和红色资源历史遗迹保护名录,强化制度管理分类。2023 年 1 月印发的《南通市主城区城乡历史文化遗产保护传承行动方案（2023—2025）》,注重对展现中国共产党成立、新中国成立、社会主义建设和改革开放等重大事件载体的调查,从历史、文化、艺术、科学多重价值维度开展评估,认定公布保护对象,从而进一步丰富全市历史文化资源家底。根据规划,至 2025 年形成南通市主城区历史文化遗产保护名录及分布图,统筹保护全市主城区历史文化遗产。同时持续开展全域全要素历史文化资源调查工作,将符合认定标准的对象按程序列入保护名录,探索保护名录调整进出机制,推动保护名录的动态监测和管理。

四、在做好宣传推广中加强保护

坚持开发利用和宣传推广两手抓、两手硬,在发展中保护,在保护中发展。江苏省有关部门先后出版出台《初心之旅——江苏红色教育基地指南》《江苏红色名片》《江苏省党史教育基地命名管理暂行办法》等,使红色资源真正成为党员群众了解党史、锤炼党性的重要基地。红色旅游是宣传推广红色文化的重要形式,江苏省深入贯彻习近平总书记关于发展红色旅游的重要指示,制定了《江苏省红色旅游发展规划（2017—2025）》《江苏省红色旅游景区服务规范》等,在深挖红色文化内涵、创新红色旅游融合模式的同时,也实现了红色旅游带动乡村振兴、促进产业发展、助力共同富裕的多赢效应。

近年来,由省委宣传部、省委党史工办等部门联合主办的江苏省红色故事宣讲大赛已经成为利用融媒体宣传江苏红色文化的闪亮品牌,成为人们重温党的历史、感悟革命精神的生动鲜活教材。2020 年,省委党史工办开发上线的"江苏省党史教育基地电子地图",整合全省大部分红色资源,建立红色展馆数据库,形成语音导览、地图导航、实景展示、红色故事互动体验相结合的"红色一张图",使党员群众足不出户就可以了解江苏各地丰富的红色资源,得到了社会的广泛赞誉。

"三杰故里"常州则通过创新红色资源宣传方式,打造"红色名城"城市名片。常州三杰纪念馆的"推进展教融合创新,服务高校思政教育"案例,入选第三届(2021)全国革命文物保护利用十佳案例。该馆将革命历史展览与高校思政教育相结合,与常州大学、常州市委党校深入挖掘、衍生开发革命主题展览的题材和内容,与移动公司合作搭建"5G+VR/AR 红色纪念馆",与团市委共同打造"红色足迹之旅——省级'常州三杰'青年学习社线路",并在"太雷青年信仰空间"融入互动参观和教学环节,为高校提供定制化微党课、微团课。城市书房品牌"秋白书苑"则是把红色基因融入公共文化服务。"秋白书苑"得名于"常州三杰"之一瞿秋白同志,每个"秋白书苑"均特设"红色文化"书架,陈列与"常州三杰"的相关著作,以及党史、党的理论读本等文献。"常州三杰"青少年主题学习空间,是全国首家青少年学习贯彻习近平总书记关于青年工作重要思想的线下"实境课堂"和"学习强国"线下青春馆,它以"常州三杰"等青年运动先驱的奋斗故事为线,设置"穿越时空遇见你""当马克思遇见中国青年""没有冬天不可逾越"等故事单元和驻足点,真实呈现青年历史人物的厚重感和精神质感。该学习空间突破了传统说教方式,采用"朋友式""青年化"语言体系的讲解风格,通过"提一个问题、历一场青春、作一次抉择",让青年重走"常州三杰"青春路,实现了红色资源保护与社会教育服务的创新结合。

图 3.9　恽代英住地旧址

第二节　实施重点工程，改善红色资源保存状况

一、划定革命文物保护区，实施连片整体保护

为贯彻落实《关于实施革命文物保护利用工程（2018—2022年）的意见》指示精神，中宣部、财政部、文化和旅游部、国家文物局以集中连片、突出重点、国家统筹、区划完整为原则划定革命文物保护利用片区，为革命文物工作提供人力、物力、财力等多方面的支持。2019年3月20日，江苏抗日战争时期苏北片区5个地市（徐州市、连云港市、淮安市、盐城市、宿迁市）、17个县（市、区）入选国家第一批革命文物分区保护片区名单；2020年6月20日，江苏抗日战争时期苏中片区6个地市（苏州市、南通市、淮安市、盐城市、扬州市、泰州市）19个县（市、区），苏南片区5个地市（南京市、无锡市、常州市、苏州市、镇江市）23个县（市、区）入选国家第二批革命文物分区保护片区名单，基本形成了全省红色资源连片整体保护格局。

江苏省将革命文物重点纳入大运河文化带和国家文化公园建设规划编制过程中，除将淮海战役纪念建筑群、常州青果巷、邵伯古镇及河湖、运河支队纪念馆、淮安水利枢纽工程、新四军江南指挥部旧址、梅园新村纪念馆、中国人民解放军海军诞生地

图 3.10　苏州五卅路历史文化街区上海战役指挥机关旧址

纪念馆等红色资源纳入大运河国家文化公园江苏段展示体系外，还大力推进新四军抗战遗存、黄花塘新四军军部旧址、茅山抗日根据地等革命文物保护展示工程的提升与改造，凸显社会主义革命文化的时代特征和精神内涵。

二、文保工程为先导，着力改善市县级革命文物

江苏是红色资源大省，现有物质形态的红色文化遗产 1710处。近年来，江苏省文化厅从项目储备、经费支持、技术指导等方面入手切实加强革命文物的维修保护和合理利用工作，不断加强革命文物保护工作。"十三五"期间策划组织"江苏省红色

图 3.11　新四军黄桥战役纪念馆

遗产、名人故居抢救性保护和展示提升工程"，2016 年、2017 年
共组织实施保护项目 41 项，2018 年度已完成 20 个项目的立项
工作。5 年共支持茅山抗日根据地核心区文物保护利用等红色
遗产项目 61 个，投入省级以上文物补助经费 5160 万元，有效地
改善了江苏省一批红色遗产的保存和利用状况。恽代英烈士殉
难处建筑修缮与展示利用工程、新四军第一支队指挥部旧址修
缮与展示利用工程、黄桥战斗旧址修缮工程等 10 个项目被评为
优秀工程并向社会公示。"十四五"期间省文物厅还将督促和

指导地方做好郭村战斗指挥部旧址修缮、雨花台烈士陵园纪念碑地下大厅加固等革命文物保护工程项目的审批和实施工作，推动苏皖边区政府旧址等革命文物保护规划的编制工作。

图 3.12　瞿秋白故居

"江苏省红色遗产、名人故居抢救性保护和展示提升工程"专项工程的实施，充分发挥了文化遗产保护在地方经济社会发展和文化建设中的积极作用，取得了良好的社会反响。重点支持市县级以下各类不可移动革命文物保护修缮。2016—2020年，共确定并实施了五批计 60 个红色遗产保护项目并向社会开放，有效地改善了低级别革命文物的保存状态，提升了开放服务能力，取得了很好的社会效益。

图 3.13　彭雪枫同志旧居

以江苏省县级市溧阳为例,作为全国 1599 个革命老区县(市)之一,溧阳具有悠久和光荣的革命历史。近年来,立足本土红色文化精髓,从红色资源的挖掘、保护和利用方面全链条发力,坚持抢救性与预防性保护并重原则,每年对全市红色革命遗址遗迹进行精细化"体检",精准评估遗址保护、修缮的可行性和可操作性等,为红色资源长久保护利用提供切实可行的保障。尤其从修缮遗址、科学保护方面入手,整合优化各方力量进行红色资源修缮工作。在目前全市的 200 多处红色资源中,通过各级抢救挖掘的就有 100 多处。其中,重点对屡遭日寇轰炸而幸存的观莲桥、新四军竹簣桥会议旧址、塘马战斗旧址、安中里战斗旧址、陈桥兵站、新四军女作家菡子故居、方木清烈士故居、苏南重要战备基地 9424 兵工厂旧址等红色资源进行了抢救性修缮。

　　菡子故居的修缮工程就是其中一个典型的成功案例。菡子故居位于溧阳市天目湖镇茶亭村委汕头村,2012 年被列入溧阳市文物保护单位,2021 年被省文旅厅列入第一批江苏省革命文物。由于年久失修,菡子故居罗家大院的保存状况一度堪忧。菡子(1921 年 3 月—2003 年 6 月),原名罗涵之,溧阳茶亭人,著名女作家,中共党员,新四军老战士。她学生时代即参加了共产党领导的读书会和无锡学社,1938 年 8 月正式入伍并加入皖南新四军军部,同年 10 月加入中国共产党。菡子从 20 世纪 40 年代开始发表作品,是我国唯一上过朝鲜战场和越南战场的女作家,写下了不少战地通讯和散文作品。其中最著名的作品《从上甘岭来》,最先报道了特级战斗英雄黄继光的英雄事迹。经常州市文旅局与古县街道办事处积极申报,菡子故居修缮保护工程入选"2019 年江苏省红色遗产、名人故居抢救性保护和展示提升工程项目立项名单",2022 年 10 月,菡子故居修缮工程竣工。维修后,菡子故居古建面貌焕然一新,文物建筑本体得到有效保护。"菡子故居修缮工程"竣工后,常州市文旅局联合古县街道和文物管理使用单位,进一步做好菡子故居活化利用工作,让革命文物"动"起来,成为传播革命价值、传承革命精神的优良载体,使红色资源在传承中绽放新光彩,不断擦亮"红色溧阳"名片。

三、馆藏革命文物预防性保护及标准库房提升工程

开展文博场馆的馆藏革命文物预防性保护工作,是用好革命文物和红色资源的基础。近年来,江苏省以馆藏革命文物预防性保护及标准库房提升工程为引领,先后完成雨花台烈士纪念馆、淮海战役纪念馆等30余家馆藏革命文物的保护修复工作,改善馆藏珍贵易损革命文物保存环境。

图3.14　南京城墙博物馆对于明城砖的保护效果显著

南京市博物总馆依托自身文保科研机构的力量,馆藏革命

文物预防性保护和修复工作走在全省前列,博物馆规范性的文保经验对全省革命文物预防性保护具有一定的行业参考借鉴价值。南京市博物总馆是国家一级综合类博物馆,下辖的南京市博物馆、太平天国历史博物馆、中共代表团梅园新村纪念馆、渡江胜利纪念馆等都收藏有大量珍贵的革命文物,其中有 3833 件/套可移动革命文物藏品和 3 处不可移动革命文物建筑被列入江苏省首批革命文物名录之中,可移动革命文物藏品占江苏省总量的 52%、南京市总量的 75.56%。这些革命文物主要包括革命史迹、革命实物(藏品)、代表建筑等三大类,是南京市博物总馆馆藏文献价值极为珍贵和最有特色的藏品之一。

近年来,随着国家对于革命文物保护与利用工作的重视,为全面摸清全馆革命文物保存状态和病害情况,做好病害科学评估与分析工作,特别是结合总馆革命文物展陈利用实际需求,有步骤地开展编制博物总馆所属革命文物藏展保护计划与革命文物保护修复方案等,2022 年南京市博物总馆组织开展了革命文物调研工作,并形成相关革命场馆调研报告,初步完成了对总馆革命文物本体现状的全面摸底与藏展环境的总体评价。2023 年南京市博物总馆按照既定计划,继续深化革命文物调研工作。在前期工作基础上,将全馆革命文物展陈环境控制技术要求、库房与文物微环境调控、制度化精细化管理保护规范与科学评估工作纳入其中,为全馆革命文物的科学规范化管理、全面系统化保护提供相关研究成果,并研究制定《南京市博物总馆革命文物保护管理工作规范》等,均取得了喜人的进展。

四、"互联网+"工程,红色资源数字化储存与展示

充分利用互联网、数字技术等新手段、新技术,积极申报"互联网+中华文明"三年行动计划,推进馆藏革命文物的信息化管理、全媒体展示。"十三五"期间,南京市博物总馆等单位共实施了 76 个数字化保护项目。淮海战役纪念馆、渡江胜利纪念馆、盱眙县黄花塘新四军军部纪念馆等已实现藏品管理数字化。

图 3.15　苏州警察博物馆、禁毒展览馆

　　江苏省文博机构还积极搭建场馆红色资源"互联网+"保护展示平台,侵华日军南京大屠杀遇难同胞纪念馆推出"云观展","时间证人——南京大屠杀幸存者艺术肖像摄影展""为什么是她——张纯如与《南京浩劫:被遗忘的大屠杀》"等线上展览均有过万人次的浏览。如皋市红十四军纪念馆 2020 年开展的"纪念红十四军建军 90 周年'革命文物网上秀'"系列主题活动,将红色文物展示和利用纳入"互联网+中华文明"的大行动中,做到"旧址可寻、旧物可看、旧史可读、旧事可聊",使得地方红色文化传播得更便捷、更广泛、更深层,入选 2020 全国革命文物保护利用十佳案例。盐城新四军纪念馆在微信公众号推出

图 3.16　苏州烈士陵园

"铁军忠魂　永远跟党走——百集红色微党课"线上展播,每天分享不同的党史故事,让群众足不出户便可浸润在红色文化的熏陶之中。淮安上线的"党史地图"小程序,用户扫码即可线上参观淮安40余个红色文化遗存、红色景区、党性教育基地。

常州大学近现代史与红色文化研究院,是全国首家专门从事红色文化研究的学术机构,通过对爱国主义教育基地各类数据的采集与储存,建立红色文化资源大数据库,目前常州成为全国第一个有红色文化资源数据库的城市。常州大学近现代史与红色文化研究院在2018年完成对张太雷纪念馆、瞿秋白纪念馆、新四军纪念馆、淮海战役烈士纪念塔、雨花台烈士陵园等10家爱国主义教育基地各类数据的采集与储存,实现红色文化数据库年采集文字量达200万字以上,图片2万张以上;以及五年内采集、储存各类文字资料1000万字以上,图片10万张以上的目标。此类型的红色资源数据库的建立,有益于盘活江苏省红色资源、传承红色文化基因。

第三节　细化文保修复规范,提升革命文物保护科研能力

一、利用平台优势,提升文保团队修复能力

江苏高校和科研院所多,南京博物院、各地级市博物馆多个

不同层级的文保科研平台,具备承担革命文物预防性保护和修复的基础与实力。革命文物修复作为文物修复的一项大类,保护修复工作本身就是一项高度专业化的系统工程。无论是藏品保存现状调查、病害检测、保护修复原则制定、保护修复技术路线审定以及保护修复后质量评估,都有一整套严格而科学的评判标准和遵循的规律。通过发挥文物保护人才优势和科研力量,近年来江苏各市持续改善、提升馆藏革命文物保护状况。

现存革命文物有很大一部分属于纸质文物。纸质来自植物的纤维,即以碳水化合物为基础而构成的纤维素,故而纸质文物自身的性质必然是异常娇脆和易损的。早在 2014 年,纸质文物保护国家文物局重点科研基地就落户在了南京博物院。纸质文物保护国家文物局重点科研基地实行国家文物局宏观管理、江苏省文物局组织管理和南京博物院运行管理的三级管理机制。针对近代纸质文献酸性脆化的保护工艺为其主要特色之一,先后完成了近现代文献脱酸关键技术研究及集成应用示范等国家科技支撑计划,为全省乃至全国的纸质文物保护提供了一流的专业技术指导与支持。

南京市文化遗产保护研究所是南京市级文保机构,对南京市博物总馆下辖梅园新村纪念馆、渡江胜利纪念馆、南京市博物馆的馆藏革命文物,承担相应的预防性保护和修复工作任务。在革命文物文保项目实施过程中,秉持和树立风险意识、团队意识、科研意识、可持续发展意识,将团队意识引入项目管理科学化模式,以团队合作方式集体攻关文物保护修复工作。开展革命文物科研、文物研究及修复后保护工作,集聚业内各方面专家的力量。这些年来,南京市文化遗产研究所加强了与南京博物院、南京图书馆、南京中国第二历史档案馆、中国文化遗产研究院、首都博物馆、国家博物馆、国家图书馆等同行之间的文保专业交流活动;与复旦大学文博学院、浙江大学化学材料国家实验室开展纸张脱酸材料试验研究工作;与南京金陵科技学院古典文献保护研究所、南京莫愁职业技术学院古籍修复中心、南京信息工程大学古代科技史学院等高校开展修复技术交流和实践工作。同时也尝试引入社会专业文保力量参与到保护修复工作中,为南京市博物总馆在革命文物保护领域,拓展文保专业平台优势、推进文保项目与社会力量融合方面积累了实践经验。

二、以文保修复行业标准,细化革命文物预防性保护工作

根据《江苏省可移动和不可移动文物保护名录》内容,江苏省革命文物的年代主要界定为 1840 年以来的可移动和不可移动文物,见证了百余年中江苏大地上波澜壮阔的革命历史,展示了江苏红色文化资源的丰富谱系,彰显了周恩来精神、雨花英烈精神、新四军铁军精神和淮海战役精神等最具江苏特色的 4 种革命精神。文物种类主要包括有机质可移动文物,如书籍信函、服装配饰、政令文件、纸钞票函等,无机质可移动文物,如家具日用、兵器装备等,以及不可移动文物,如英烈故居、革命旧址、陵园碑刻等。以南京市博物总馆为例,针对现有革命文物的保存

环境、库房存放条件,已制定了具有可实施性的预防性文物保护方案和修复工作办法。

1. 革命文物的日常维护

革命文物的日常管理,既取决于其材料和质地,也取决于其所存放的环境。创造良好的保存环境,使文物处于适宜的环境中,是阻止或延缓其自然损耗的重要措施。因此,必须建立和实行一整套严格的、合理的、科学的、健全的、周密的管理制度;实施一系列科学合理、切实可行、持之以恒、安全可靠、具有可操作性的方法和措施;采用科学的、严谨的手段和方法来设计建造博物馆、档案馆、图书馆等场馆;构建适宜的温度、湿度、光照、气体等环境条件来保存革命文物,缓解其老化受损,使之"延年益寿"。同时,革命文物保护工作是否有效,科学管理是革命文物得以"延年益寿"的关键,也是革命文物保管工作中不可缺少的环节,关系到革命文物的安全利用与方便使用。近年来各地的革命文物馆藏单位在展厅、展柜、书库以及保护设施、设备方面都有了较大的改善,空调、除湿机、恒温恒湿机等现代化设备的引入对革命文物的保存起了很大的作用。

革命文物的日常管理需要进行鉴选、登记、定级、分类和编目建档。在革命文物的定级、分类、排架中,应针对藏品的质地和受损程度区别对待,分别处理。革命文物陈列展厅和库房的工作人员,需要兢兢业业地坚持做好日常的陈列、库房管理和维护工作,定期进行文物的安全检查,包括防水、防潮、防光、防火、防霉、防虫、防蛀、防盗、防震等,及时发现问题、解决问题,有效处理并应有预案,将一切可能出现的隐患、疏漏和问题控制、消除在萌芽状态,切忌亡羊补牢的做法。同时,应尽力避免不讲科学、主观臆断的工作方法,以免造成对文物的保护性损伤。日常维护还包括对藏有革命文物的展柜、展厅、库房等经常进行清洁除尘,认真监测温度、湿度和光照等各项数据,注意展柜及门窗的开闭。文物入库前要检查环境和门窗有无异常,离开库房时,要确保水电、门窗安全才能离开,库房钥匙须由专人保管并放入保险柜内。

另外,改善各种环境因素来保护革命文物,可以采取两方面的措施。一方面是对大环境的控制和治理,如对展厅、库房等进行更新、改造,以改善革命文物的保存环境;另一方面是对微小环境的控制和治理,如对一些珍贵的革命文物,按照不同的文物类型,专门设置恒温恒湿的展柜,或制作专用的箱匣来密闭避光存放等。这些保存、保护手段不对文物本体进行任何"手术",不会对文物产生任何副作用或"后遗症",也不存在所使用保护材料的可逆性问题,是国内外文物保存保护专家学者最乐见的方法,也是对革命文物保护争议最少的方法之一。

博物馆、档案馆、图书馆在对革命文物保存保护中,主要应在通风、防光、防潮、防尘、防虫、防霉、防火、空气调节等方面进行工作,具体如下。

首先,根据革命文物材料制作工艺分类存放。

由于革命文物的材料及工艺不同,其具有不同的特质,对其的影响因素也不同,革命文物存放时应当分门别类。对纸质、陶瓷、金属、石质、竹木漆器等类别需分开存放,不能仅局限于入账册本,应将与藏品相关的信息卡片、凭证、工作记录、统计报表等,统一纳入管理系统中,构成一个完整的、科学的、安全的、实用的文物藏品的电子账目系统,以保证革命文物的安全性,有效地延长文物的保存期限。

其次,根据革命文物性能特点有针对性地保存保管。

对于珍贵的、具有很高历史研究价值的革命文物,馆藏单位应当作单独、特殊的处理,通过"开小灶"的方式进行个案处理,开展专项长期微小环境的管控。对于老化比较严重、病害较多的革命文物,可根据具体病害情况,尽快进行处理后进行密闭保存。要创造良好的保存环境,采取避光、通风、去湿、吸潮、温控相结合的方法,这是抑制或延缓文物自然老化、病害蔓延的重要措施。

再次,坚持"以防为主,防治结合"的方针保护革命文物。

革命文物只有"防"做好了,才是抓住了保护的根本,从而减少"治"的任务。要特别注意防火防潮、防强光直射、防尘防污染、防霉防虫等。在加强展厅、库房大环境控制的同时,可以添置一些文物保护需用的无酸纸袋、囊匣、包装用的衬垫材料等,同时定期为革命文物进行杀菌消毒,放置防霉杀虫药品等。

最后,科学合理利用场馆,做好保护和展陈工作。

博物馆、档案馆、图书馆在陈列展馆、贮藏库房的新建、改建或扩建中,一定要考虑到建筑质量、建筑面积、橱柜布置、避光隔热、防潮防水、空气流通、无害光照、消防安全等,这是从源头抓

起的大事,也是革命文物展陈、保存良好的基本保证。如一朝考
虑不周,将酿成十年甚至百年的遗憾。近年来随着江苏全省加
强和提高了对文博场馆的科学改造与提升工程,在新馆的设计
或老馆的改造中,使用单位坚持以科学、合理、实用为主的原则,
在建筑设计、库房环境、存放规范、用电载荷、运营成本等各个方
面充分考虑到纸质文献陈列收藏和放置的合理性、科学性、实
用性。

2. 革命文物温度、湿度的控制

随着时代的发展,对博物馆、档案馆、图书馆的温度、湿度、
光照和空气的连续、不间断监控,是科学、合理收藏革命文物保
存环境的前提,也是确保革命文物长久保存安全的要素之一。
因为整体环境温度、湿度变化,只有通过连续监测记录才能观测
到周期性变化的分布规律,并作为拟定改进措施的科学依据。

温度和湿度是影响绝大多数革命文物材料老化变质速度的
重要因素,控制、调节陈列展厅、贮藏书库的温度、湿度,是延长
革命文物寿命的重要环节。在环境中,温度和湿度之间存在着
密切相关的影响关系。温度、绝对湿度、相对湿度、饱和湿度之
间存在着以下关系:若在不同的温度下,均有其不同的饱和湿
度,温度越高,则饱和湿度越大;若环境温度不变,增加绝对湿
度,相对湿度也增大;若绝对湿度不变,温度升高,相对湿度减
小,温度下降,相对湿度增大;若相对湿度不变,温度升高,绝对
湿度增大,温度下降,绝对湿度减小。

其中纸质革命文物对环境保护要求最高,其保存环境的温

度、湿度最为关键,难度也最大。根据国家建筑行业的标准《档案馆建筑设计规范》(JGJ25—2000)规定纸质文献库房的温度、湿度范围为:温度 14—24℃,相对湿度 45%—60%,采暖期的温度≥14℃,相对湿度≥45%;夏季温度≤24℃,相对湿度≤60%,在选定温度、湿度后,每昼夜波动幅度要求不得大于±2℃,相对湿度波动幅度要求不得大于±5%。国内馆藏单位较为认可的纸质文献保存环境的要求是:温度 15—25℃,相对湿度 45%—60%,24 小时温差变化≤5℃,24 小时相对湿度差变化≤5%。对纸质文献的库房温度、湿度的要求是:冬天室内保持在 12—18℃,夏天不超过 25℃;相对湿度保持在 50%—65%。24 小时内温度变化不应超过 2—5℃,相对湿度变化不应超过 3%—5%。展厅、库房内忽高忽低的温度变化,会使部分革命文物出现遇热膨胀、遇冷收缩的现象,这些叠加因素会加速文物材质老化,降低其机械强度。

对于上述问题,调控的重点是减少温度和湿度的大幅度波动,强调温度和湿度的稳定性。如果能够控制住封闭展柜内的温度,那么湿度的波动也会变小。目前国内外比较公认的博物馆内环境气候的相对湿度(RH)为 45%—65%,以相对湿度日波动小于±5%为宜;如果每天上下班开关设备,则人为地加大了白天与晚上的温度、湿度差,这反而不利于文物的安全保存。因此,必须通过制度来保证,严格控制展厅和库房的温度和湿度变化,保持昼夜恒定的温度和湿度。同时为了使革命文物保存环境的干湿度适当,有条件的展厅、库房应设置防潮层和防热层,并安装空调设备或去湿机，一时不具备条件的应做好自然通风，可根据不同季节、气候变化等选择时机开关门窗，调节温度和湿度，也是保护、保存文物比较经济、实用、有效的办法。

3. 害虫霉菌的环境防治

危害革命文物的生物主要有细菌、霉菌等微生物及害虫。虫害霉菌对纸质、竹木质、皮质、纺织类的革命文物的危害十分严重，应贯彻"以防为主，防治结合"的方针。除了采用中药杀虫剂防治、化学杀虫剂防治、物理防治等方法以外，环境治理也很重要，只有博物馆、图书馆或档案馆大环境以及库房或陈列的展柜的小环境都搞好了，才能使害虫、微生物等无处藏身、无法滋生。

环境防霉是一种简便、有效、经济的方法。不同的霉菌，对环境有不同要求，同样的霉菌在不同环境下有不同情况。因此，需要针对不同的霉菌菌种，采用不适宜霉菌生长繁殖的温度湿度的环境来抑制、杀灭霉菌。一旦发现革命文物遭受虫害霉变，应积极采取措施进行灭杀和治理，防止蔓延，两者不可偏废。比如过滤净化室内的空气，减少或阻止灰尘颗粒、霉菌孢子进入库区内等。博物馆、图书馆、档案馆周围的杂物、草木、垃圾、污水等既是害虫霉菌滋生、繁殖的场地，又是传播害虫霉菌的来源。因此，馆藏单位周围的环境应保持清洁和整洁，排除污染源，防止空气污染、进行环境绿化，周边不允许留下任何死角，杜绝害虫霉菌的藏匿或滋生。

革命文物在征集进入馆藏单位前应该及时地进行清洁、消毒、灭菌处理,以防止将害虫霉菌、污垢等进入库区内。可采用冷冻的方法,杜绝虫卵、霉菌随文物带入库房。平时保持库区内文物的清洁卫生,人员进入库房必须更换工作服,库内需使用空气净化过滤装置,这些均能有效减少或阻止灰尘颗粒、霉菌孢子进入库内。

馆藏革命文物保存均与微小环境质量相互关联。当展厅、库房的相对湿度达到70%以上、温度达到22℃以上,往往是害虫霉菌及其繁殖的最活跃的环境条件。因此,控制库房适宜的温度、湿度,保持库房内的适度干燥和较低的温度就能有效防止和抑制害虫霉菌的生长、繁殖。一般环境温度控制在14—18℃,相对湿度保持在45%—55%,就能有效抑制害虫霉菌的生长和繁殖。而对于不具备现代化装置的库房,可以因地制宜采取相关的简便且有效的措施来降低环境的温度和湿度。适度地开关窗户、门户通风,使环境空气流通是有效防止藏品霉变、生虫的方法。此外,空气污染物中含有硫化合物、氮氧化合物等污染气体以及尺寸微小的无机物粉尘、金属物粉尘、化学颗粒粉尘、植物纤维、霉菌孢子等,对革命文物的危害一时难以观察出来,这是一个长期积累后产生危害的过程。对污染气体、粉尘比较简单的解决办法是提高展厅、库房门窗的密闭性,对进入展厅、库房的空气采用净化和过滤措施。

4. 光照的防控

对于博物馆、图书馆、档案馆的库房和陈列室,合理利用光源对文物的长久保存也是一个重要问题,包括确定库房照度标准,严格库房内使用规定,限制展厅参观展览用光的照度值,展柜内的光照使用问题。应当尽力做到既能满足观众观赏的需求,又能最大限度地减少光照对革命文物的危害。为了减少光照对文物的损害,常采用以下一些措施和方法。

(1)对于有窗的库房,窗户宜小而少,并应注意窗户朝向,减少阳光直接照射进库内;在窗户上应安装有防光的遮阳板、遮帘或百叶窗等,装挂厚且不透光的窗帘,门窗玻璃可采用茶色玻璃、毛玻璃、吸热玻璃、夹层玻璃等,以一定程度地遮挡或过滤紫外线光,减少阳光的直射和辐射热;文物使用装具保存,使其处于一个良好无光照射的局部小环境内。

(2)遮蔽或过滤紫外光。过滤方法主要有物理过滤,如普通玻璃过滤、特殊性能玻璃防光等;化学过滤,即利用某些物质对紫外线的吸收作用,将其涂布在玻璃上或制成薄膜贴在灯管上达到过滤效果。还可以采用能吸收紫外线的紫外线吸收剂,如二苯甲酮类、苯并三唑类等,这是一种能将紫外线光转变成无害热能的物质。

(3)选用合适的照明光源。自然光对文物的损伤高于人工光,宜选用人工光;可使用不含紫外线的荧光灯、白炽灯、光纤灯和发光二极管灯等。

(4)尽量减少光照的时间。有条件的库房、陈列室或展柜应使用感应电源,即人来灯亮,人走灯灭。同时,在库房和陈列室或展柜内安装冷光灯,并将照明时间和照明方向控制在能接受的限度内,减少对文物的光辐射损害。另外,在展陈时应注意降低整个展室的总照度,做到空间暗、展品亮。

(5)尽量减少利用次数和时间。平时将文物贮存于无窗的库房内或特制密闭的匣、箱、柜中,可避免光线照射的损伤,是纸质文献保存中很有效的物理防护方法之一。

三、加强文物保护力量,争创革命文物修复优秀示范案例

随着文物保护工作向精细化高科技发展,文物修复技术日益受到社会关注。南京的渡江胜利纪念馆"京电号"小火轮保护修复项目,入选 2021 年全国优秀文物藏品修复项目,这一文保修复项目是文物修复技术在革命文物保护中的一次典范性运用,有效提升了文物保护的社会影响力和公众参与度,弘扬了新时代的工匠精神。

渡江胜利纪念馆藏国家一级文物"京电号"小火轮,是一艘钢质蒸汽船。"京电号"小火轮,原名"云泰轮",1925 年在上海建造,是民国时期首都电厂运送煤炭的蒸汽船。1949 年 4 月,人民解放军第三野战军三十五军一〇三师 120 名指战员,率先乘坐该船渡江。渡江战役期间,该船共计运送 1400 余名解放军,享有"南京渡江第一船"的美誉。

由于长期露天展示,小火轮劣化形势严峻。船体积水、积尘严重,轮机舱、甲板、船壳板、雨棚等普遍存在不同程度腐蚀,如粉状锈、块状锈、锈蚀流淌等,表面漆膜出现空鼓、起翘、卷曲、剥落的问题,木构件缺损、糟朽、开裂、断裂、微生物滋生,橡胶老

化。2019 年 10 月,"京电号"小火轮修复保护项目正式启动,经过专家和修复技术人员反复论证、精心施工,2020 年 10 月修复保护圆满完成。

项目组利用现代科技手段采样分析了小火轮的锈蚀物结构、成分、漆膜成分、厚度、光泽度及色度、积水可溶盐等。结果显示,锈蚀物主要为铁的氧化物,包括赤铁矿、针铁矿、磁铁矿、磁赤铁矿、黄铁矿、纤铁矿等。其中在船舱和船底区域的锈蚀物检测出四方纤铁矿。船舱积水呈现弱酸性,含有少量有害氯离子和大量的硫酸根离子。轮船防腐油漆成分主要为聚酯漆、高岭土、方解石、硫酸钡等,底漆中含有大量具有阴极保护的锌粉。依据材质类别,修复工作分为金属部分保护修复、木构件保护修复、动力系统维养、救生圈修复几部分。项目组秉承最小干预、预防性保护等基本原则,制订了详细的实施方案和计划。

修复过程采用了较成熟的保护技术,注重技术运用的合理性、规范性及有效性。除锈前后,测试锈蚀面硬度,记录各部位强度,以避免除锈工作对硬度较低区域造成破坏。对于锈蚀沟槽比较深的部位,尤其是焊缝处,采用手工除锈方式,以防沙子遗留在缝隙中,影响焊接稳定性和漆膜与基底的结合力。整体脱盐前,多次开展局部实验,以检验纸浆敷贴脱盐效果。刷油漆时,底漆采用手工刷涂,增强漆膜附着力;中漆、面漆采用喷涂,增强漆膜附着力;面漆色泽参考前期检验的光色度、色度值调配,尽量与文物状态保持一致。置换、修复残损木构件,遵循整体协调一致及可识别原则,采用与原有木材同等规格的同种木材,并做好档案记录。玻璃窗上存在的破裂纹路,在修复中原样保存,留住了历史的痕迹,做旧处理中,船体外侧的锈痕污泥痕灰痕和破损,对比"京电号"老照片,精心仿制。

此次修复系统梳理了"京电号"小火轮历史渊源,系统监测与分析了它的物理性质,充实了"京电号"小火轮的基础信息,为保护、研究和利用文物提供了可靠的依据,也为了解 20 世纪中国造船及航运业提供了珍贵的数据资料。

现今展示在渡江胜利纪念馆广场上的"京电号"小火轮,是渡江战役的参与者、见证者。它生动地诠释了"渡江战役的胜利是靠老百姓用小船划出来的"真谛,体现了"坚定信念,敢于斗争,军民团结,革命到底"的渡江战役精神。修复后的"京电号"恢复了往日的风采和雄姿。

第四章 江苏革命文物保护与红色资源活化利用的案例研究

第一节 江苏革命文物保护相关案例

为深入贯彻落实中共中央办公厅、国务院办公厅《关于实施革命文物保护利用工程（2018—2022年）的意见》，江苏省扎实推进革命文物保护利用工程，全面筛选核定本地区革命文物，于2021年4月、2022年7月先后公布两批《江苏省革命文物名录》，不断推动本省新时代革命文物工作落实落地。同时在加大革命文物保护力度，拓展革命文物利用途径，提升革命文物展示水平，创新文物传播方式方面突出特色、创新方法。下文将选取部分优秀案例进行具体论述。

一、革命文物集中连片保护工程

在全国37个革命文物保护利用片区中，涉及江苏的有8个片区、累计71个县（市、区）。为深入贯彻落实党的二十大精神和习近平总书记关于文物工作的重要论述及新时代文物工作方针,根据中共中央办公厅、国务院办公厅《关于加强文物保护利用改革的若干意见》《关于让文物活起来扩大中华文化国际影响力的意见》和"十四五"有关规划部署,江苏省通过整体规划,连片保护,建设革命文物保护利用片区,加强对革命文物的资源整合,推进革命老区改善革命文物保护利用状况,带动提升旧址周围环境。实施革命文物保护利用工程,在加大保护力度的同时,不断强化革命文物的研究利用,切实把革命文物保护起来,研究起来,利用起来,让历史说话,让文物说话,充分发挥革命文物在培育弘扬社会主义核心价值观方面的独特作用,让革命文物"活起来"。

图 4.1 南京江北新区红色文化展陈馆

江苏省委、省政府认真落实"保护第一、加强管理、挖掘价值、有效利用、让文物活起来"的新时代文物工作方针,实施红色遗产专项维修保护和展示利用、大运河文化带和长江沿线革命旧址专项保护工程,先后召开全省革命文物工作会议、全省文物工作会议,推动江苏由文物资源大省向文物保护研究利用强省跨越,努力提升革命文物保护管理和传承利用水平。组织开展苏南、苏中、苏北革命文物保护利用片区工作规划,稳步推进革命历史类馆藏文物定级及革命旧址保护修缮工作,深挖革命文物精神内涵和时代价值,构筑坚实有力的革命文物"主课堂"阵地。

1. 溧阳市红色水西——"村馆园校"多合一的红色文旅融合片区

"没有水西村,就没有茅山根据地,就没有东进,就没有苏北根据地,也就没有黄桥战役的胜利"。溧阳市红色水西片区位于溧阳市竹箦镇,包括新四军江南指挥部司令部旧址、新四军江南指挥部纪念馆、毛泽东像章陈列馆、新四军廉洁思想教育馆、陈毅元帅诗词将军法书碑廊和纪念广场以及四处红色遗址,类型丰富、集聚程度高。其中新四军江南指挥部纪念馆是全国爱国主义教育示范基地、全国红色旅游经典景区。

为充分发挥红色水西片区的集聚效应,溧阳市委、市政府延伸产业链,先后将国防园、水西宾馆、溧阳市委党校落子水西村,与红色遗址连成一片,集党史教育、研学实践、文化服务于一体,在全国率先打造首个"村馆园校"合一的红色教育文旅融合片区,为革命老区高质量发展探路先行。

2022 年,常州市溧阳红色水西片区融合发展项目入选第一批江苏省红色旅游融合发展示范项目名单。

2. 江苏"新四军东进北上"革命文物主题游径建设工程(2023—2027 年)

文物主题游径是以不可移动文物为主干,以特定主题为主线,有机关联、串珠成链,集中展示专题历史文化的文化遗产旅游线路。为更好保护利用文物,让陈列在广阔大地上的遗产更好"活"起来,让文物与旅游深度融合发展,增益旅游历史文化底蕴,满足人民日益增长的美好生活需要,服务国家战略和经济社会发展,国家文物局、文化和旅游部、国家发展改革委印发通知,就开展中国文物主题游径建设工作进行部署,明确"十四五"时期将试点建设 3—5 条中国文物主题游径。江苏省积极响应号召,联合中国新四军研究会、江苏省委党史工办、东南大学、新华报业传媒集团启动实施江苏"新四军东进北上"革命文物主题游径建设工程,整合沿线革命旧址、纪念场馆资源,深化革命文物研究阐释、共同推动革命文物活化利用,用好用活红色资源,传承革命精神。

"新四军东进北上"革命文物主题游径建设工程以 1938—1941 年间新四军贯彻中央"向南巩固、向东作战、向北发展"战略方针,以茅山为基地,发动群众开辟苏南东路与苏北扬泰地区,创立苏南、苏中和苏北抗日根据地,顺利连接华中、华北两大战略区打开抗战新局面这一重大历史事件为主线,整合沿线革

图 4.2　新四军东进北上革命文物展

命旧址、纪念场馆等资源,以更好地展示弘扬我党我军不畏艰险、浴血奋战、夺取最后胜利的奋斗历程和革命精神,推动革命文物保护利用、助力党史教育和红色旅游融合发展。

《江苏"新四军东进北上"革命文物主题游径建设战略合作协议》由省文旅厅(省文物局)、中国新四军和华中抗日根据地研究会、省委党史工办、新华报业传媒集团和东南大学五家单位共同签署,旨在加强整合江苏"新四军东进北上"革命文物主题游径沿线革命旧址和纪念场馆资源,深化对红色遗址、纪念性建筑的研究阐释,推动党史军史研究成果转化,创新革命文物保护利用手段,构建融媒体宣传矩阵等方面的合作,实施一批革命旧址保护修缮、展陈提升和革命文物保护修复项目,策划开展一批革命文物精品展览项目,打造推介一批红色旅游精品线路和融合发展示范项目,共同传承弘扬新四军光荣革命传统,把伟大建党精神等党和人民在各个历史时期形成的革命精神融入线路设计、展陈展示、讲解体验中,生动讲好党的故事、革命的故事、英雄的故事。

3. 打造长江红色基因传承之旅

革命文物保护离不开国家政策支持,为进一步贯彻习近平总书记关于保护传承弘扬长江文化的重要指示精神,落实《中华人民共和国国民经济和社会发展第十四个五年规划和2035年远景目标纲要》关于"打造长江国际黄金旅游带"的部署安排,加强长江旅游高质量产品供给,提升旅游消费水平和能力,文化和旅游部于2023年推出10条长江主题国家级旅游线路和《长江国际黄金旅游带精品线路路书》。

文化和旅游部统筹长江国际黄金旅游带沿线地区上海、江苏、浙江、安徽、江西、湖北、湖南、重庆、四川、云南、贵州等11个省市文化和旅游资源,选取意义显著、影响重大、主题突出的节点,按照"文化场景化、场景主题化、主题线路化"的原则,将点与点连接起来,构筑长江国际黄金旅游长廊。项目包含长江文明溯源之旅、长江世界遗产之旅、长江安澜见证之旅、长江红色基因传承之旅、长江自然生态之旅、长江风景览胜之旅、长江乡村振兴之旅、长江非遗体验之旅、长江瑰丽地貌之旅、长江都市休闲之旅等10条长江主题旅游线路,全面展示长江真实、立体、发展的面貌,塑造长江国际黄金旅游带整体形象,提升长江国际影响力和全球竞争力。同时，为进一步推进以市场为导向、以人为本的要求，依托主体路线，精心设计规划38条长江国际黄金旅游带精品线路，形成了《长江国际黄金旅游带精品线路路书》，书中涵盖各类旅游信息，其中包含行程规划、出行路况、必玩景区、游玩锦囊、特色美食等旅游信息，吸引旅游爱好者探索和发掘长江人文与自然之美，创造感受中华文化独特韵味的魅力旅游。

侵华日军南京大屠杀遇难同胞纪念馆、常熟市沙家浜革命历史纪念馆、南京雨花台烈士纪念馆、南京渡江胜利纪念馆、中国人民解放军海军诞生地纪念馆等红色场馆共同组成江苏省长江红色基因传承之旅游览路线。该路线以长江沿线江苏红色旅游经典景区为载体，引导广大人民群众回溯红色历史，感悟初心使命，不断砥砺前行。路线涉及南京、苏州、泰州地区，让人民从历史的悲怆中生出奋进的力量，看雨花台的英烈点亮黑暗的青春之火、理想之光，看芦苇荡中延续着连绵的烽火，看百万雄师扬起渡过长江的风帆，看走向深海的船扬帆起航，传承红色基因，追寻红色印迹，让人民心中燃起熊熊不熄的信仰之火、力量之光。

二、将保护与开发利用相结合，拓展革命文物利用途径

中国共产党成立已有百年历史，在我党的成长过程中，革命文物代表着近代英雄人物的奋斗历程，承载着优秀革命文化。对革命文物的保护和利用，不仅是对英雄先烈的纪念，更是弘扬

中国革命精神和优秀传统文化的重要途径。习近平总书记强调要重视革命文物的保护和利用,唯有做好保护,才能更好地纪念先烈,做到传承革命精神,为革命文物的保护利用指明未来的发展方向。江苏省切实强化革命文物的调查、认定、建档、保护和利用等方面的工作,注重革命文物利用途径的拓展和利用水平的提升,注重传承方式的创新和优化,让红色文化与革命精神在新时代熠熠生辉。2022 年,国家文物局从 300 项革命文物保护

图 4.3　中共中央华中局党校旧址复原

利用优秀成果中,遴选出 18 个最具创新性、代表性的案例进行解析和推介,编制出版了《全国革命文物保护利用案例集(2022)》,其中江苏侵华日军南京大屠杀死难同胞丛葬地江东门"万人坑"遗址"创新保护展示手段"和常州瞿秋白故居"加强馆址融合,让革命旧址活起来"2 个案例与北京大学红楼、中国共产党第一次全国代表大会会址等同时成功入选。

1. 瞿秋白故居"加强馆址融合,让革命旧址活起来"

瞿秋白故居位于江苏省常州市延陵西路 188 号,包含瞿秋白出生地(天香楼)和寄居地(瞿氏宗祠)。1985 年,为纪念瞿秋白英勇就义 50 周年,瞿氏宗祠经修复对外开放。1999 年,瞿秋白纪念馆修建完成,馆址紧邻瞿氏宗祠,共同构成常州市红色地标。2020 年,纪念馆进行整体改造提升,形成一个历史与时代共振的红色文化场,在新时代延续传承瞿秋白精神风范,是全国爱国主义教育示范基地、国家 3A 级旅游景区。

从"空间"到"时间",让革命旧址保护利用"串"起来。瞿秋白纪念馆与瞿氏宗祠融合,相互呼应,推进展示利用一体化。纪念馆与宗祠前设长达 20 米的文化墙,利用文化墙将两者外部空间串联,同时在纪念馆与瞿氏宗祠内部采用场景化的展示方式设置展陈流线,展现瞿秋白的光辉一生,让革命故事可亲、可感。

从"静态"到"动态",让革命旧址保护利用"活"起来。瞿秋白故居在传统"图片+文字+实物"的静态展陈基础上,创新推出"又见少年阿霜"沉浸式演出。从"白菊花""韦陀菩萨""剪辫子""挂白灯笼""人生知己"五个故事展开,深度结合纪念馆、宗祠的原址场景,生动演绎瞿秋白与家人、同伴、友人相处的细节,将一个热爱读书、勇敢坚忍、心怀正义的瞿秋白形象完美展现。通过情景再现、角色模拟,让参观者变为体验者,营造了浓厚的历史现场感,让观众身临其境地了解、感受瞿秋白在不同人生阶段的经历,真切体悟其精神世界,增强革命历史的传播力、感染力和影响力。

从"请进来"到"走出去",让革命旧址保护利用"动"起来。打造"流动式"场馆,开展红色文化宣传教育活动,拓展红色旅游新空间。推动红色演艺走进乡村,让村民游客沉浸式体验红色文化;推动红色演艺走进校园,推出系列红色文化课程,在学生心中"播下红色种子",实现思政教育与劳动教育互联互嵌;推动红色演艺走进社区,依托常州市委党校"秋白讲坛"名师资源录制云端课堂,让人民群众对红色故事触手可及。同时加强对地方党史及革命传统文化的研究,多维度展现了革命文物在党史学习教育、革命传统教育、爱国主义教育中的重要作用。

2. 侵华日军南京大屠杀死难同胞丛葬地江东门"万人坑"遗址创新保护展示手段

侵华日军南京大屠杀遇难同胞纪念馆位于南京市建邺区水西门大街 418 号,通称江东门纪念馆,选址于南京大屠杀江东门集体屠杀遗址及遇难者丛葬地,是中国首批国家一级博物馆,首批全国爱国主义教育示范基地,全国重点文物保护单位,首批国家级抗战纪念设施、遗址名录,也是国际公认的第二次世界大战期间三大惨案纪念馆之一。

运用综合手段科学保护遗骸。"万人坑"遗址原为临时保护建筑,为减少外界因素对遗址的影响,充分保护遗骸,故将原有临时建筑改建为永久性保护建筑。同时实施地下水隔断工程,在遗址四周开挖渗水沟,东西两侧开挖两排倾斜式导水管道,东南角与西南角分设积水井每日抽水,以降低遗址的地下水位,有效隔断遗址内地下水对遗址的侵蚀与破坏。为延缓遗骸劣化,委托专业机构研制消毒防虫防霉针对性药剂对遗骸遗址进行全面科学的清洗消毒、防虫防霉,根据灰尘等附着程度确定清洗工艺,对遗骸遗址采用不同方式进行清理。研发遗骸遗址分层渗透加固技术,对遗骸表面和遗址表面选择适宜的封护剂和方式进行防护,防止遗骸受灰尘、水汽及有害气体的侵蚀。通过现场调查、实验室模拟数据分析湿度、盐分等多种因素对遗骸和遗址的破坏作用,并提出相应保护措施以减少不利影响。坚持每隔2—3年对其进行定期养护。"万人坑"遗址是侵华日军南京大屠杀的重要证据。科学保护遗址遗骸真实性、完整性有利于保全证据,形成完整证据链条,确保"万人坑"遗址成为南京大屠杀的历史铁证。

通过仪式化活动强化纪念体验。卢克斯认为仪式是受规则支配的象征性活动,它使参加者注意他们认为有特殊意义的思绪和感情对象。2014年以国家立法通过《关于设立南京大屠杀死难者国家公祭日的决定》,每年12月13日设立为南京大屠杀死难者国家公祭日,以国家公祭仪式为引领,举行公祭活动悼念南京大屠杀及所有在日本帝国主义侵华战争期间惨遭日本侵略者杀戮的死难者,重组并固化人们对南京大屠杀的记忆。通过鸣放警报、默哀一分钟等法定仪式环节,敬献花圈、撞和平钟等固化仪式环节,激发公众情感共鸣,勿忘国耻,铭记历史,前事不忘、后事之师。纪念馆序厅设置悬挂 1213 位南京大屠杀幸存者图片墙,为追思每一位幸存者的离世,自 2018 年起,面向幸存者家属举行"去世幸存者熄灯仪式",由去世的幸存者家属熄灭照片之后的灯箱,献花缅怀,用这种特殊的方式送老人最后一程。目前,登记在册、人员健在的南京大屠杀幸存者已不足百人。每个开馆日早上 8 点 30 分在公祭广场举行"江东门的钟声"仪式教育,邀请首批入场的 12 名参观者,分两组撞响和平大钟 13声,让其在庄严的仪式中沉浸式体会"警钟长鸣,勿忘国耻;以史为鉴,面向未来";每逢假日,组织文艺志愿者演奏缅怀、和平类乐曲;在清明节、中国人民抗日战争胜利纪念日、国家公祭日等重要节点,开展烛光祭、南京安全区和平徒步、国际和平集会等仪式化纪念活动。

伦理化展示体现人性关怀。纪念馆在营造庄重肃穆的悼念氛围的同时,充分考虑对死难者遗骸的人文关怀,将文物保护需求与陈列展览需要相结合,建设外形如棺椁的半地下式遗骨陈列室,对出土遗骸进行保护和展示。对首次发掘出土的遗骸重新进行复原陈列。对第二次发掘的遗骸进行原址原貌展示。将第三次出土的遗骸进行整体搬移、回迁和复原陈列,置于史料陈列厅,与展出的史料文物相辅相成。"遗骨坑"顶部覆罩"黑匣子",以表达对逝者入土为安的尊重和关怀,坑洞下方四周设置高度1.5米的围挡,上方镌刻死难者名字,用以减少对未成年人心灵的冲击。遗骨陈列室、"万人坑"遗址、"黑匣子"覆照和周围的墓地广场、石刻、哭墙、南京大屠杀主题油画,形成了完整的纪念氛围,通过建筑和展陈的语言,传达出"让白骨得以入睡,让冤魂能够安眠"的愿望,展现生者对逝者的追思、哀悼和缅怀。

三、充分挖掘文化内涵,提升革命文物陈列展览质量

革命文物展览展示是讲好革命故事、发挥育人功能的基本形式,是革命文物活化利用的内在要求。从革命文物资源本身出发,挖掘内在文化含义,创新创意展陈形式,运用人民群众喜闻乐见的方式,打造高质量、本土化、特色化的革命文物陈列精品,有利于扩大革命文物展示效应,确保文物始终具有"生命力"。2022年由国家文物局指导,中国文物学会和中国文物报社主办的第三届(2021)全国革命文物保护利用十佳案例宣传推介活动开展,全国共计166个案例申报参评,项目类型涵盖革命文物保护修缮、陈列展示、社会教育等方面,最终20个宣传推介案例分获第三届(2021)全国革命文物保护利用十佳案例和优秀案例。其中渡江胜利纪念馆申报的"再造'胜利之舟'——渡江胜利纪念馆基本陈列改造提升项目"成功当选。

渡江胜利纪念馆为南京市博物总馆下设分支机构,馆址位于江苏省南京市鼓楼区渡江路1号,是为庆祝渡江战役胜利暨

南京解放 60 周年所建,是国家一级博物馆、江苏省爱国主义教育基地、江苏省党性教育示范基地、江苏省党史教育基地、南京市青少年思想教育基地、全国首批百家红色旅游经典景区、南京市"十大红色文化地标"。

"再造'胜利之舟'——渡江胜利纪念馆基本陈列改造提升项目"于 2021 年 6 月完工,在改造提升基本陈列的同时,同步推进完成整体修缮改造工程,7 月 1 日正式对公众开放,当月接待观众 6 万多人次。展馆设置基本陈列"天翻地覆慨而慷——渡江战役胜利暨南京解放展",展陈面积 3100 平方米,展线 365 延米,展出历史图片 246 幅、珍贵文物文献 317 件、图表 7 幅。展品遴选上着重反映渡江战役全过程,采用"情景设计"的方式,通过主题和故事线将片段式的"物"串联成"有意义的叙述"。综合运用大型雕塑、大型沉浸式场景、口述历史影像、多媒体手段以及互动展项,通过 10 余个场景,数十幅历史绘画和视频演播铺陈百万雄师过大江的渡江战役。突出了毛泽东和中央军委的高瞻远瞩、运筹帷幄的宏伟战略构想,渡江战役总前委的英明指挥,人民解放军的英勇作战和人民群众积极支援前线的感人史实,表达了中国共产党人坚持革命道路、坚定革命信念的决心,揭示了历史和人民选择了中国共产党、没有中国共产党就没有新中国的真理。除对馆藏实物进行展览,还赴中央档案馆、国家博物馆、中国第二历史档案馆、南京市档案馆等地仿制渡江战役相关电文等系列珍贵档案,展示了《百万雄师下江南》《开国大典》等大型红色经典油画复制件,以及《北平和谈》《渡江战役》《开国大典》等珍贵历史影像、南京解放的音像播报等内容。

基本陈列通过"运筹帷幄""决战千里""军民团结""革命到底""见证胜利"5个部分，全面展示了渡江战役和解放南京的伟大历史。展览第一部分为"运筹帷幄　坚决'打过长江去'"，主要展出在渡江战役战略部署上具有代表性的文献实物资料，运用视频介绍、历史照片、革命文物相结合的形式，陈列展览毛泽东、党中央、中央军委发布的电报、文稿、布告，解放军指战员使用过的绑腿、臂章、公文包、饭盒等，整体回顾实施渡江作战计划前夕，中国共产党整体战略部署以及谦虚、谨慎、不骄、不躁艰苦奋斗的作风。

第二部分为"决战千里　百万雄师过大江"，围绕人民解放军的战前准备、人民群众对渡江战役的支援以及中共南京地下党组织情报人员的策应，运用大型多媒体实景，以油画为背景，多媒体声光电相结合的方式展示渡江战役的波澜壮阔，打造展览"核心亮点"、观众"驻足点"和"文物看点"的创新展陈设计理念充分实现。该部分共计选取文物124件、武器藏品74件，其中包含支前民工修船7件套，支援解放军的船只等运输工具，支前过程中的文件，获得的奖状证书，中共地下党员用来夹带信函、传递情报所用的英文书籍、接头信函等。

第三部分为"军民团结　城市接管开新局"，主要展示南京解放后，中共华东局及中共南京地下党组织的会师、接管等内容，展出展品45件，陈列部分渡江战役亲历者使用的公文包，人民解放军使用及收缴的各类武器，以及入城三大公约十项守则和《城市政策纪律教育材料》、亲历者回忆等各类文字资料,为展示渡江战役和南京解放重大历史史实提供了鲜活物证。

第四部分为"革命到底　宜将剩勇追穷寇",主要展示人民解放军胜利渡江后,不顾疲劳,奋勇追击敌人,解放南京、上海、杭州、武汉、南昌等重要城市及广大长江以南地区,为随后解放华东全境和向华南、西南地区进军创造了重要条件,为建立中华人民共和国奠定胜利基础等内容。展出文物展品47件,选取了庆祝南京、上海解放的纪念邮票,纪念上海解放一周年画报及渡江战役13枚纪念章、邮票、军功证等相关展品,旨在表达对渡江战役和南京解放的感怀与纪念。

第五部分为"见证胜利　革命精神世代传",集中展示了渡江战役中张兴儒烈士带血的公文包、颜红英送亲人过大江等八个典型小故事,采用图版、多媒体相结合的方式,展示亲历者口述历史采访等文物史料,传承革命精神。

四、创新革命文物传播方式,推进"互联网+革命文物"

随着5G技术的发展,革命纪念馆的展示传播方式也逐渐趋于数字化、多元化。用科学手段让文物"活"起来,对于传承和弘扬革命精神具有重要作用。江苏省深入贯彻落实中共中央办公厅、国务院办公厅文件指示,融通多媒体资源,推进"互联网+革命文物",对革命文物进行全景式、立体式、延伸式展示宣传,同时借助各类媒介平台传播革命文化,传承革命传统,弘扬革命精神。

图 4.4 南京大金山党史国史教育馆

1. 新媒体平台助推革命文物传播

根据《中国网络视听发展研究报告（2023）》，截至 2022 年
12 月，我国网络视听用户规模达 10.40 亿，网民使用率为
97.4%，高学历、一线及新一线城市中青年群体是综合视频、网
络直播等视听重度用户，短视频人均单日使用时长超过 2.5 小
时。由此可见，随着信息化技术的迭代升级和新媒体传播方式
的不断创新，互联网已成为社会群众获取信息的主要渠道之一。
在革命文物保护利用和红色文化精神的宣传和弘扬中，也需要
有效利用新技术、新应用，融合传统渠道和新兴媒体，用新颖的
手段获取更多年轻人的关注和认同。

2021年江苏省文化和旅游厅（省文物局）推出"百年百物"革命文物线上故事会，通过革命文物讲述百年党史，深挖藏品背后可歌可泣的革命故事，联合"水韵江苏"、《新华日报》、交汇点新闻、中国江苏网、"新江苏"客户端、我苏网、荔枝新闻、现代快报+ZAKER、央视微电影频道、爱奇艺、腾讯、优酷等媒体和网络平台进行全媒体融合推广，加速助推网友感知革命风骨和历史足音，大大拓宽革命文物传播的范围。在学习强国"水韵江苏"

图4.5　刘少奇旧居

强国号常态化开设"革命文物专栏",设置"我访革命旧址、我看革命文物、我传革命精神、我听革命故事"4个二级栏目,利用图文、音频、视频等形式推介宣传革命纪念馆与红色文化。

2. 数字化技术增强观众沉浸式体验

数字化技术种类繁多,常见的数字化技术主要有多媒体展示技术,如多幕投影、三维成像等;虚拟现实放映技术,如VA、VR、3D动画等;以及全息影像互动设置。数字化技术的突出特征就是运用科技手段对文物进行全方位、立体化和多元化的展示,同时利用灯光、音乐、影像等手段吸引观众注意力,引导观众深入了解文物背后的故事,以求更好地实现革命历史文化展示传播。

2021年,中共江苏省委宣传部、省委党史工办联合新华报业传媒集团等单位打造"百年征程、初心永恒——中国共产党在江苏历史展(1921—2021)"网上展馆,让"云上观展"成为"打卡"新热潮。网上展馆以中国共产党在江苏波澜壮阔的百年历程为主线,通过360°VR全景、亿像素、AI自助语音等技术手段,将实体展览的3990个展项(含图片、文字版、图表、视频、实物、场景等)内容进行1∶1数字化复原,全方位、全过程、全景式、史诗般展现中国共产党在江苏一百年的不懈奋斗史、不怕牺牲史、理论探索史、为民造福史、自身建设史,将中国共产党在江苏百年历史上的重大事件、重要会议、重要任务、重大决策、重大成果和重要文献活化为可听可看、可读可感的网络传播产品,打造永不落幕的网上党史教育基地,打破了传统展览受时间和空间限制的弊端,为开展党史学习教育提供鲜活教材。

常熟"芦荡火种"红色旅游融合发展项目推出"红色印迹"电子地图,建设苏州首个 5G+AR 红色纪念馆,实现红色阵地语音、视频导览及 VR 实景展示;常州三杰纪念馆将党史教育与 5G+VR 技术相结合,与移动公司合作搭建"5G+VR/AR 红色纪念馆",借助 VR 眼镜,通过增强现实、虚拟现实等新一代计算机视觉技术,让学生们云参观线上纪念馆研发定制课程;在侵华日军南京大屠杀遇难同胞纪念馆部分展区前举起手机,大量珍贵史料将一一显示在手机上,场馆内设置"12 秒"的装置,象征在那场浩劫中,平均 12 秒就有一个生命永远地消逝,通过具象化的表现形式,将这段历史直观震撼地呈现在观众面前。

3. 跨界融合,在游戏中学习红色知识

随着"互联网+"技术的发展,革命纪念馆不断探索新的展示传播方式,为满足当下人们趣味性、交互性以及碎片化的信息认知方式的需求,通过游戏传达相关资讯与经验,让观众愉悦、自发地参与,从而掌握想要了解的信息,是一种新的尝试。

将"剧本杀"与革命纪念馆相结合,将"剧本杀"中线索与革命文物背后故事相连接,通过观众扮演角色自行探索推理演绎,真正杜绝观展走马观花,将观展融入其中、乐在其中。红色李巷开设沉浸式红色"剧本杀"研学项目,以真实历史事件作为背景,保证剧本缜密有深意的同时,让观众切实融入角色,更好地了解历史人物故事,体悟革命文化精粹,传承红色精神内核,红色基因+实景表演+互动沉浸,真实重温新四军在苏南的抗战史和激扬岁月。

2021 年苏州市青少年以游戏为载体,趣味学习百年党史,创意编程《红军长征飞行棋》,将长征路线、知识问答、经典诗词相融合,在游戏中学习长征知识。江苏邮电印刷创新党史学习方式,研发《中共党史纸质影像卡牌》,包含 24 张党史学习心得明信片、115 张知识卡牌、24 张功能卡牌及 1 张游戏规则卡牌。知识卡牌包含 61 个视频二维码,共计 300 分钟珍贵历史纪录片。通过精练的知识点和生动的历史影像,辅以游戏趣味方式让党史学习更加生动。

图 4.6　苏州警察博物馆、禁毒展览馆内景

第二节　江苏红色资源活化
利用相关案例

习近平总书记在地方考察时提到要用好红色资源,讲好红色故事,搞好红色教育,让红色基因代代相传。近年来,江苏省高度重视红色文化资源活化利用,采用文旅融合创新红色旅游发展模式,充分挖掘省内红色资源优势,提升其影响力和感染力,推进红旅融合高质量发展。联合高校重视学生思政教育,充分发挥红色文化在革命传统教育、爱国主义教育等方面的重要作用。坚持"全面修缮保护、加强活化利用、做强教育功能、弘扬革命精神"原则,加强对红色资源的传承和利用,通过大型活动推介,弘扬革命精神,讲好革命故事。下文将以南京溧水红色李巷片区、苏州常熟沙家浜景区、镇江句容茅山景区、常州三杰纪念馆、南京中共代表团梅园新村纪念馆等为例,简述江苏省在红色资源活化利用方面的措施与意义。

一、文旅融合,创新红色旅游发展模式

近年来,国务院先后制定并颁布了一系列鼓励红色旅游发展的政策,有效引导和支持全国红色文旅的发展。如《国务院关于新时代支持革命老区振兴发展的意见》在"弘扬传承红色文化"方面,提出了"推动红色旅游高质量发展,建设红色旅游

融合发展示范区,支持中央和地方各类媒体通过新闻报道、公益广告等多种方式宣传推广红色旅游"等要求①。江苏省文旅厅也前后颁布各项政策措施,红色旅游市场前景广阔。2022 年 10 月,江苏省文旅厅公布了第一批江苏省红色旅游融合发展示范和培育项目,包括南京市溧水红色李巷片区、徐州市邳州"王杰精神"、苏州市常熟"芦荡火种"等 7 项红色旅游融合发展示范项目,以及南京市高淳西舍、无锡市宜兴"红色山乡　薪火太华"、南通市如皋江安红军小镇等 8 项红色旅游融合发展培育项目。江苏省红色旅游融合发展示范项目被遴选为全国红色旅游融合评估

图 4.7　江苏省第一批红色旅游融合发展示范项目授牌仪式

---

①　《国务院关于新时代支持革命老区振兴发展的意见》(国发〔2021〕3 号),中华人民共和国中央人民政府网,https://www.gov.cn/zhengce/content/2021-02/20/content_5587874.htm。

试点,为国家红色旅游融合发展提供了宝贵经验和示范作用,有利于充分挖掘省内特色红色资源,提升了红色旅游发展活力和影响力,推动省内红色旅游高质量发展。下文将通过文旅融合创新发展示范项目的优秀案例来论述文旅融合在红色资源活化利用中的具体体现。

1. 南京市溧水红色李巷片区

红色李巷片区,位于南京市溧水区南部,这里曾是苏南党政军首脑机关和新四军主力部队的驻地,是苏南区行政公署的成立地。自改革开放以来,先后被评为江苏省委党校培训基地、江苏省爱国主义教育基地、溧水区委党校党性教育基地。入选"第一批江苏省红色旅游融合发展示范项目"、"大江南北 绿韵红魂"红色旅游精品路线、"第二届中国美丽乡村百佳示范"、"南京十大红色文化地标"等。并被授予"江苏省乡村旅游重点村""第一批江苏省传统村落""全国乡村旅游重点村"等荣誉称号。

红色李巷片区作为溧水全域旅游发展重要的红色支点,拥有丰富的红色旅游资源,片区内分布有 3 个特色红色展馆和 5 个名人故居,分别为中国新四军历史研究馆、抗日战争收藏馆、团史馆,以及陈毅旧居、新四军地下交通总站、江渭清旧居、李坚真旧居、梅章旧居、钟国楚旧居。纪念场馆内以图片、文字和视频等形式,全面展示了新四军成立、战斗的全过程,具有较高的学术价值。在红旅融合方面,李巷联动片区内的蓝莓采摘销售等文旅资源,走乡村振兴之路,探访白马农高区高新农业基地、大希地生产基地、黄教授生产基地等,通过"蓝莓节""葵花节"

"丰收节""花生节"等特色活动,提供实现红色研学、农事实践、工业参观的一体化服务,吸引大量游客前来参观体验。得益于红色旅游项目的打造,蓝莓产业逐渐做大做强,红色旅游与蓝莓种植齐头并进,在吸引众多游客采摘休闲的同时,也促进李巷红色革命故事更广传颂。

图 4.8　红色李巷

2022 年,为重温党的光辉历史,推进乡村振兴,南京理工大学紫金学院深度调研挖掘南京乡村红色资源,梳理规划 6 条红色旅游路线,其中溧水区"阡陌园区,再探红根"精品路线以红色李巷为起点,串联苏南反顽战役将士纪念馆、衡山人民抗日斗争纪念馆等红色景点,积极推进乡村红色旅游发展。红色李巷还开设多种研学项目,包括"战火·青春"17公里越野徒步穿越、新四军军营歌曲挑战、沉浸式红色"剧本杀"、军备粮制作体验、探访"新四军走过的路"励志之旅等,重温新四军在苏南的抗战史和激扬岁月。

图4.9 南京横山抗日英雄纪念碑

红色资源既是珍贵史料,也是鲜活教材,习近平总书记多次强调把红色基因传承下去,确保红色江山后继有人、代代相传。我们要善于利用红色资源教育民众,活化利用红色资源,重视红色基因传承。南京市溧水区深挖红色资源,以红色李巷为核心,结合中山烈士陵园等现场教学点,推出《李坚真大姐》《守望初心、传承使命》《回峰山革命传统教育》等高品质教育课程,多角度讲好革命故事。引导学员以理论联系实际,通过实地体验,在丰富生动的实践和情感体验中感受红色精神,真切了解党在不同时期的奋斗历程,领悟每一部历史文献、每一处遗址建筑背后的精神文化意蕴。

2. 苏州市常熟"芦荡火种"

常熟市是国家历史文化名城、红色经典文化旅游名城。抗日战争时期,常熟是新四军创建苏南东抗游击根据地核心区域,新四军和沙家浜人民在芦苇荡的故事诞生了红色经典《沙家浜》。1978 年改革开放以来,常熟市依托沙家浜镇抗日革命根据地这一红色资源,经过几代人的共同努力,逐步把沙家浜风景区建成国家 5A 级旅游景区和全国爱国主义教育示范基地。沙家浜风景区位于江苏省常熟市沙家浜镇,以一望无际的芦苇荡为主景,由沙家浜革命历史、国防教育园、湿地自然学校、石湾山歌、实景剧、摇橹船、京剧《沙家浜》等园内项目组成,形成集红色文化、湿地文化、革命传统文化于一体的红色风景名胜区。其中沙家浜革命传统教育区包含瞻仰广场和沙家浜革命历史纪念馆,瞻仰广场为红色教育区主体工程,主体群雕"军民鱼水情"分别为新四军战士、常熟人民抗日自卫队队员和正在乘船的沙四龙。沙家浜革命历史纪念馆初创于 1971 年,围绕"军民鱼水情"与"潮起东路 抗日救亡"主题,通过图片与实物展陈分 5 个部分详述苏南地区军民抗日史实,赓续红色基因,讲述后方医院军民鱼水情深的革命故事,更好发挥爱国主义教育示范基地作用。

沙家浜景区占地6000多亩,以"红色+生态"模式,利用原生态湿地环境和动植物资源,吸引游客乘坐画舫穿梭在芦苇当中感受抗战时期的故事。近年来,常熟市以沙家浜"芦荡火种"为核心,联合遗址遗迹、革命人物故居、红色教育场馆、纪念设施等各类红色场所走出来一条红色旅游融合发展之路,推进全市红色旅游融合发展。以"沙家浜经典红色游"为引领,将沙家浜与乡村旅游相结合,开创"芦荡星火 富民燎原"等红色精品路线,串联苏州全国劳动模范事迹馆、常熟沙家浜风景区、蒋巷村、张家港双山岛、渡江胜利公园、永联村等红色景点,重拾乡村发展记忆。随着红色旅游融合发展推进,"风起芦苇荡,心动沙家浜"旅游品牌逐渐深入人心。

沙家浜将红色文化同民俗文化、研学旅游、生态文化进行创新融合,在传播红色革命精神的同时实现可持续发展。如每年都会举办湿地蓝花节和特色主题活动,融合了农耕、研学、美食等元素深挖蓝花文化,以赏蓝花、吃蓝花等作为特色卖点,通过线下打卡和线上发布的参与方式让更多人认识沙家浜。以"红色+文艺"模式,运用现代科技手段讲述军民共同抗日的故事,创作《春来迷局》《芦荡烽火》《暗战沙家浜》《铁花丹心》等互动体验和实景演出,让参观者真切感受当年新四军的战斗生活场景。此外,还会在红石民俗文化村戏台定时出演《沙家浜》这一经典京剧,给观众带来一场视听盛宴。依托沙家浜革命历史纪念馆和沙家浜湿地公园等革命历史、民俗文化、绿色生态旅游资源，通过文旅融合加强对红色资源的活化利用，做大、做强旅游产业。

3. 镇江市句容"铁军东进战地　茅山红色传承"

句容茅山一贯重视红色旅游资源利用，坚持在推进全域旅游发展进程、促进红色文化传承、带动茅山革命老区经济社会协调发展等方面发挥独特作用。"铁军东进战地　茅山红色传承"红色旅游融合发展项目以句容茅山景区为核心，联合茅山新四军纪念馆、苏南抗战胜利纪念碑、白沙烈士墓、铁军营、新四军医疗所、新四军修械所、新四军水坝等红色景点，融合省内及周边乡镇农业、乡村、科技、数字等多种资源，形成红农旅融合新路线，推进茅山新四军红色文化与旅游融合工作有序开展，广受市场赞誉。通过参观红色旧址、体验农旅融合，更能深刻感悟"铁军东进战地　茅山红色传承"的铁军精神，在红色文旅融合中领略茅山红色文化和自然风光。

茅山新四军纪念馆被列为全国爱国主义教育示范基地、全国红色旅游经典景区、全国文明单位，馆内具体分为新四军苏南抗日斗争历史陈列馆、英烈馆、将帅馆、新四军廉政教育馆及一个临时展览厅，两座主体建筑中间设将军墓碑，另设茅山爱国主义教育活动中心。纪念馆主要通过革命文物与历史资料展览，配合现代化展示手段，生动再现革命先辈们当年抗日的光辉业绩和军民浴血奋战的悲壮场面。旨在通过展览展示缅怀陈毅、粟裕、谭震林等老一辈革命家率领广大抗日军民艰苦奋斗、浴血奋战的无产阶级革命精神和伟大的民族精神、铁军精神，蕴含着丰厚的人文历史积淀，是思想政治教育的宝贵资源。茅山脚下的"铁军营"设立了党员宣誓区、缅怀英烈区、诗歌鉴赏区、红色影院区、实境课堂、党性体验等6个功能区，并融合全域旅游、生态农业、乡村振兴等内容，增强了红色教育的吸引力、感染力，党员干部在学习和体验红色文化的同时，也学到文旅融合相关内容。苏南抗战胜利纪念碑坐落于茅山北麓、望母山山巅之上，于1995年9月1日建成，碑宽6米、高36米，是茅山红色革命文化的重要组成部分。

茅山老区先后修复新四军兵站、枪械所、后方医院等抗战旧址遗迹15处，经过修复既可以向社会展示更多重要的红色文化，又能丰富拓展茅山景区红色旅游资源，促进文化传播。通过资源整合利用，当地将红色旅游景区景点串珠成链，打造一批红色旅游精品路线和项目，如"红色印记——跟着红色印记寻"线路，为红旅融合高质量发展打下坚实基础。茅山新四军红色文化由以茅山新四军纪念馆、苏南抗战胜利纪念碑等为代表的物质文化，和以听党指挥、不怕困难、服务人民的新四军铁军精神为核心的非物质文化，通过一大批珍贵的抗战文物和珍贵的照片陈列，翔实地反映军民顽强拼搏的年代，在潜移默化中给观众留下深刻印象，激发着参观者的爱国情怀。

二、推进红色资源与教育培训相结合

用好红色资源、传承红色基因，深入挖掘革命文物背后故事的展览展示,是坚定理想信念、加强党性修养的生动教材。江苏是全国的教育大省,博物馆、纪念馆的革命文物展已经成为教育培训的重要课堂,多地联合省内高校重视思想政治教育工作,积极探索红色文化与思想政治教育融合的有效路径,大大加强了红色文化资源的育人作用。下文将以常州三杰纪念馆、中共代表团梅园新村纪念馆为例进行实例论证,简述红色资源在资政育人方面的独特优势,通过与教育培训相结合把红色资源利用好、发扬好、传承好。

1. 常州三杰纪念馆

常州三杰纪念馆位于江苏省常州市,主要由纪念馆和故居两部分组成,具体分为瞿秋白纪念馆、张太雷纪念馆、恽代英纪念馆、吕思勉故居、黄仲则纪念馆、洪亮吉洪深纪念馆。"常州三杰"等红色名人资源不仅是优秀的思政教育资源,还是加强公民爱国主义教育与革命传统教育的重要阵地。着力增加红色资源研究深度,筑牢思想政治教育这一前沿阵地有利于提高人民群众对于红色文化的广泛认同,展现红色文化效力,推进红色文化传承。"三杰"指瞿秋白、张太雷、恽代英三位先生,瞿秋白是中国共产党早期的主要领导人之一,故居原为瞿氏祠堂,由瞿秋白叔祖父瞿赓甫等在光绪年间捐资修建,瞿秋白纪念馆被列为全国爱国主义教育示范基地、全国优秀社会教育基地;张太雷是中国共产党重要的创始人之一,张太雷纪念馆由张太雷生平事迹展览和故居两部分组成,通过实物、图片和多媒体展示其革命、光辉的一生;恽代英是中国早期青年运动领导人之一,恽代英纪念馆共设5个展室,以图文结合形式展现其光辉事迹和爱国情怀。

常州三杰纪念馆自组建以来,以用好红色资源、赓续红色血脉为目标,努力做好6个纪念场馆的管理、纪念活动、陈展宣传、学术研究、文物征集、资料整理及衍生产品开发等工作,并致力于探索将革命文物融入新时代高校思想政治工作新格局,培养担当民族复兴大任的社会主义建设者和接班人,被评为全国爱国主义教育示范基地、全国优秀社会教育基地、全国重点文物保护单位、全国红色旅游经典景区等。教育引导广大青年肩负起时代赋予的责任,缅怀革命先烈,赓续红色血脉。2022年3月,常州三杰纪念馆的"推进展教融合创新,服务高校思政教育"项目,入选第三届(2021)全国革命文物保护利用十佳案例名单。该项目具体表现为探索高校思政教育新模式,与常州大学、常州市委党校联合研发定制课程,在教学课程中融入数字化教学与互动参与环节,深受广大师生欢迎。2023年"5·18"国际博物馆日,常州三杰纪念馆开展"运河边的成长故事"实境思政课活动,邀请学生一路参观探访运河边常州名人的成长故事。活动以"成长"为主题,结合学校思政课程,推进馆校联动,实现红色文化资源共建共促共享。

近年来,常州三杰纪念馆通过沉浸式演出,打造数字化、可视化的高校思政教室,致力于讲好红色故事。同时与移动公司合作,搭建全省首个"5G+VR/AR红色纪念馆"。创新红色文化历史教育,通过网络空间,创设网络"新课堂",致力于"走出去请进来",把展览送到学校去,把学校课堂搬进纪念馆,如在瞿秋白纪念馆推出沉浸式演出,可瞬间"穿越"将年轻人带到百年前的一个历史现场。2023 年 5·18 国际博物馆日前夕,常州三杰纪念馆联合常州移动走进湖塘桥实验小学,将党史教育与5G+VR 技术相结合,通过讲解员讲述瞿秋白的成长故事,以及播放短剧《又见少年阿霜》,给孩子们带来了一堂精彩的红色课程,借助 VR 眼镜,孩子们身临其境云游览线上纪念馆。

同时,纪念馆还与各高校合作,成立全国馆校合作联盟,深入开展特色鲜明的主题教育,实现红色文化自觉。共建大学生志愿者团队,举办革命故事演讲、开展红色研学旅行、进行革命文物文创设计等活动。2023 年 3 月,常州三杰纪念馆联合常州市第二中学举办"传承红色基因,赓续红色血脉"常州三杰红色课堂进校园活动,活动过程中,两位同学分别扮演张太雷父子,演绎了一段穿越时空的对话。用年轻人喜欢的方式来讲好红色故事,让年轻人能够感悟到传承红色资源及革命传统文化的初心使命、信仰选择和担当。

2. 中共代表团梅园新村纪念馆

中共代表团梅园新村纪念馆,隶属南京市博物总馆,位于江苏省南京市,由中共代表团办事处旧址、国共南京谈判史料陈列馆、周恩来铜像、周恩来图书馆等组成,属于近现代历史遗迹及革命纪念建筑物。先后被授予全国中小学爱国主义教育基地、全国爱国主义教育示范基地、全国红色旅游经典景区、国家 4A级旅游景区、江苏省党史教育基地等荣誉称号。梅园新村纪念馆依托馆内深厚的红色教育资源,创建"周恩来班",开展"梅园红"社教活动,创设"梅园记忆"品牌课程等,以陈列展览、社教活动、馆校合作等方式发挥红色资源的社会教育功能。

梅园新村纪念馆立足于红色教育基地丰厚的资源,历来重视在学校开展爱国主义教育工作,通过加强馆校合作与交流,让更多的青少年学生感受伟人精神的教育。1986年,梅园新村纪念馆在梅园中学创建了第一个"周恩来班",30多年来,在中国中共文献研究会周恩来思想生平研究会的指导下,全国范围内已命名了百余个"周恩来班"。作为"周恩来班"牵头建设单位,梅园新村纪念馆定期走进学校开展宣讲、分享、调研等活动,组织"周恩来班"同学以诗歌朗诵会、文艺演出、征文比赛等多种形式开展纪念和学习活动,引导广大青年学生弘扬爱国主义精神,大力推进素质教育。如2023年4月3日,三江学院开展了第十五届"周恩来班"创建评审会。同学们以"学周知周行周"为主题,从班风学风建设、活动开展等方面进行了汇报,认真学习周恩来同志的道德风范,培养良好道德品质和文明行为。2023年4月17日,玄武高级中学开展了"红色讲解员"比赛,梅园新村纪念馆受邀参加本次活动。作为"红色讲解员"队伍的指导教师,纪念馆讲解员切实履行了校外辅导员职责,参与、指导"红色讲解员"工作,鼓励同学们通过讲解红色故事来铭记历史,向更多游客传播红色文化。

梅园新村纪念馆始终以传播红色文化为使命,紧扣时代主题,深入挖掘馆内红色资源,讲好梅园故事,弘扬周恩来精神。

通过线上线下相结合的形式，推出特色社会教育活动，打造"梅园红"社教品牌。近年来，开展"梅园红"系列品牌社教活动已逾千场，受到了广泛好评。同时配合学校开展"梅园红"红色研学之旅，进行红色主题教育，在培养青少年的思想政治素养以及传承红色基因方面发挥着重要作用。如基本陈列展览"梅园风范——中共代表团在南京"综合运用馆藏珍贵文物、文献档案、历史照片等，结合浮雕、沙盘、多媒体互动等多种手段，将文物展品与历史史实巧妙结合，通过展示与讲解让观众在沉浸中感受中共代表团谈判斗争所蕴含的品格、风范及智慧，突出国共南京谈判的历史意义和时代价值。

同时，梅园新村纪念馆彰显红色场馆的社会教育功能，创设"梅园记忆"品牌教育课程，该课程以国共南京谈判的史料档案为基础，依托"梅园红"品牌性社教活动，主动拉近与青少年的距离，通过讲述梅园故事，激发他们的参观热情。课程内容包括"小小报务员""国旗与少年""走进天安门""我是译编员""永不消逝的电波"等子课程，再现南京谈判的峥嵘岁月，紧密结合博物馆课程与学校课程，让青少年在学习过程中直观感受到革命前辈坚定的革命意志、不屈不挠的斗争精神，在青少年群体中加强爱国主义教育。此外，梅园馆采取直观教育法和灵活的教育方式，录制《中共代表团在南京》《梅园风范》等录像片为学生放映宣讲，开展"党的故事我来讲——争做红领军讲解员"等实践体验活动，编写《梅园新村纪念爱国主义教育基地管理办法》《梅园的故事》等教案配合学生参加爱国主义教育基地活动，对进一步加强青少年社会主义核心价值观教育,培养学生树立正确的人生观和世界观起到了重要作用。

图4.10 梅园新村纪念馆附属八路军驻京办事处旧址

三、阐发革命精神,讲好革命故事

江苏是片红色热土,构筑了以周恩来精神、雨花英烈精神、渡江战役精神、王杰精神、新四军铁军精神等为代表的中国共产党精神谱系的"江苏符号"。博物馆、纪念馆可利用"互联网+"拓宽展示平台,通过现代的、多元的表达方式传播红色文化,倾力打造红色经典作品,如话剧《雨花台》、史诗剧《红色李巷》、沉浸式演出《又见秋白》等,增强江苏红色文化资源的吸引力、影响力。此外,还可建立"文物+红色文化"模式,以文物展览为载体,组织红色活动,讲述文物故事,深入挖掘和系统阐释革命文物背后的情怀和精神,使受众能切实感受红色文化渲染,感悟红色精神力量。

1. 红色文化精品阐发革命精神

红色资源是中国共产党艰辛而辉煌奋斗历程的见证,是在革命过程中凝聚而成的物质载体和精神财富,代表着我们党走过的光辉历程和重大成就,传承着伟大的革命精神。江苏孕育出一系列极具地方特色的革命精神,如雨花英烈精神、周恩来精神、新四军铁军精神、淮海战役精神等。要进一步加大对红色文化史料的挖掘,推出一批群众喜闻乐见的红色文化精品,加大江苏红色资源的推介力度,通过多种合适的载体,组织开展宣传活动,增强江苏红色文化资源的吸引力、影响力。倾力打造红色经典作品,阐发革命精神。

如近年来推出的话剧《雨花台》,在全国产生了很大的影响。1927年至1949年,邓中夏、恽代英、罗登贤等数以万计的中国共产党人和爱国志士在南京雨花台殉难,他们的事迹展现了以"崇高的理想信念、高尚的道德情操、为民牺牲的大无畏精神"为内涵的雨花英烈精神。他们用鲜血铸就了不朽的精神丰碑,成为中国共产党人精神谱系的重要组成部分。习近平总书记在视察江苏时指出,要弘扬雨花英烈精神,用好用活雨花台红色资源,使之成为激励人民不断前进的强大精神动力。2022 年,《南京市雨花台烈士陵园保护条例》正式施行,其中第三章第三十一条提出:"宣传、党史、文化和旅游等部门应当鼓励和支持以雨花英烈事迹与精神为题材的文艺创作,打造文学、影视、戏剧、美术、音乐等文艺精品".[①] 较为出名的当属话剧《雨花台》,这是南京市话剧团为了"国家革命烈士纪念日"而创作演出的一台大型多媒体话剧,曾获中宣部第十四届精神文明建设"五个一工程"优秀作品奖,目前已在全国巡演百场。《雨花台》话剧选取了多名牺牲于雨花台的烈士故事,讲述了雨花台烈士们在革命胜利前夜面临生死抉择时的信仰力量,从不同侧面歌颂了雨花英烈信仰至上、勇于担当的崇高精神,展现共产党人为民牺牲的大无畏精神。其创作立意在于给今天的人们传输信仰力量、担当精神、高尚气节、家国情怀等优秀品质,讲好红色故事,让红色文化基因在新的时代焕发出新的生机与活力。

2021 年 5 月,由溧水区与南京市演艺集团联袂打造的大型红色原创史诗剧《红色李巷》在南京文化艺术中心首演,该剧围绕抗战时期发生在溧水地区的英烈故事展开,将叙事诗和情景剧融为一体,再现了李巷烽火岁月中动人心弦和鲜为人知的感人故事,是南京首部讴歌新四军革命精神的大型史诗剧。红色李巷曾是苏南抗战的指挥中心,目前已成为省内外知名的红色基地和南京十大红色文化地标。该剧由寻找父亲、永远十六岁、

---

① 《南京市雨花台烈士陵园保护条例》第三章第三十一条,2022 年。

夫妻对话、记忆的证明、今生来世的情书、新桥会师难忘老房东6个篇章构成,围绕6个人物故事展开,生动再现了革命英烈的英勇事迹。《红色李巷》是溧水讲好红色故事、传承红色基因的创新举措,采用"音乐＋诗剧＋画面"的音诗画形式贯穿整场表演,令人耳目一新。气势恢宏的舞台表演、真实感人的英烈事迹、生动鲜活的艺术再现,通过文艺的形式表达增添感染力,更易被人们接受。除了《红色李巷》外,还排演了《粟裕赔盆》《石臼湖畔鱼水情》《送别》等红色文化作品,通过跌宕起伏的内容,生动再现革命英烈的英勇事迹和新四军革命精神。

除上述举例外,还有如红色文化经典《沙家浜》使我们永远记住了江南新四军浴血抗战的过往和光荣,瞿秋白纪念馆推出沉浸式演出的《又见秋白》演绎再现瞿秋白坚贞的革命信仰等,这些都是各地倾力打造红色经典作品、用好用活红色资源的成功探索。用打造红色文化精品的方式去讲述、传承先辈们的故事与精神,有利于促进文化根脉的守护与传承,弘扬伟大精神、让红色资源"活起来"。各地纪念馆推出欣赏红色文艺表演、寻访革命遗址等活动,采用多载体、多方位方式宣传红色故事,推进革命精神传播到社会各个角落,增强广大群众的文化认同与价值认同,在红色文化精品中接受精神洗礼和文化浸润。

2. 活动推介讲好革命故事

为更好地传承红色文化,在历史中挖掘革命故事,在新时代传承革命精神,国家、省市组织开展内容丰富、形式多样的红色基因传承和革命故事讲述主题活动,如国家文物局等联

图 4.11　苏州烈士陵园内的雕塑讲述了无声的革命故事

合举办了遴选"全国革命文物百佳讲述人"、"红色印记——百件革命文物的声音档案"等活动,江苏省文旅厅等联合举办了"江苏省红色故事宣讲大赛"和推选"江苏双十佳革命文物讲述人"、"江苏最美革命文物守护人"等活动,通过活动推介对用好红色资源、重温革命历史、创新推动红色薪火代代传承起到了独特作用。

2021 年,由国家文物局等联合主办的"全国革命文物百佳讲述人"遴选和展示推介活动引起热烈反响,吸引全社会各行各业人员积极参加,经过初评、展播、复评、公示等环节,最终产生 107 位"全国革命文物百佳讲述人"。其中江苏省有 6 人入选名单,分别是盐城市新四军纪念馆馆长,讲述了"大地丰碑(宋公纪功碑)";常州大学近现代史与红色文化研究院院长,讲述了"张太雷的一封家书";侵华日军南京大屠杀遇难同胞纪念馆馆长,讲述了"国家公祭鼎";南京市博物总馆渡江胜利纪念馆馆长,讲述了"修船九件套";南京雨花台烈士纪念馆馆长,讲述了"一颗'永是勇士'的心(铜鸡心)";徐州广播电视传媒集团常晓丹制片人,讲述了"我们的歌"——文工团员李洁的故事。每位讲述人以一处革命旧址或一件馆藏革命文物为主题,声情并茂地向人们讲述与之相关的人物故事或历史故事,娓娓道来,形成人人传播红色文化的生动局面。在此基础上,中央广播电视总台等联合制作了"红色印记——百件革命文物的声音档案"大型融媒体报道,节目形式新颖、内容翔实,创新结合纪录片和广播报道手法,打造身临其境的听觉体验,引发听众的情

图4.12 常熟四面厅中还包括了何市各界人士代表大会会址的故事

感共鸣，深受人民群众欢迎。充分发挥融媒体优势，用百人声音传递革命精神。

2021年，中共江苏省委宣传部等联合举办"江苏省第三届红色故事宣讲大赛"，经过初赛、复赛，20位讲解员和20位志愿者在决赛舞台上动情讲述红色故事，将革命精神发扬光大。2022年，江苏省文化和旅游厅等联合开展了"江苏双十佳革命文物讲述人""江苏最美革命文物守护人"两项遴选和推介活

图4.13　国营淮海农场中的故事

动。自推出以来,在社会上引发强烈反响,深受大众欢迎,扩大了革命文物的表现力、传播力和影响力。经推荐、投票、评审和公示等程序,遴选确定"江苏双十佳革命文物讲述人"专业组、志愿组各 10 名,"江苏最美革命文物守护人"团队 2 个、个人 4 名。同年,江苏省文物局等联合推出"见证新时代——新物件里的江苏故事"主题征集活动,经过超 5000 万次网络助力,最终 20 件新物件进入公示名单,其中包括渡江胜利纪念馆推荐的新修复的"京电号"小火轮,以物证史,见证时代。

第五章　江苏革命文物保护与红色资源活化利用的路径探索

　　1996年,江苏省率先发声,提出建设文化大省的目标。悠久的历史,赋予了江苏丰富多元的文化资源;强劲的经济实力,更为江苏省建设文化强省之路铺就了基石。经过近30年的发展,江苏的文化产业发展已经取得了可喜的成绩。如今,江苏省已成为一个科教大省、文化大省、文化强省。在革命文物保护及红色资源活化利用领域,这种经济与文化的优势无疑为文物保护事业的发展增加了厚重的底蕴与强劲的实力支持。

　　在中国近代史上,江苏也是中国共产党的初创期和大革命时期的重要活动和战斗区域,邓中夏、周恩来、瞿秋白、张太雷、恽代英等党的早期领导人,陈延年、赵世炎、陈毅、粟裕等革命志士都曾在江苏从事革命活动。新四军东进北上抗日、淮海战役、渡江战役等百年奋斗史上的重大事件都与江苏密切相关。中国共产党在带领江苏人民的革命奋斗中,留下了大量的革命文物,成为江苏红色文化资源的重要组成部分。这些革命文物见证了自1840年以来江苏大地上波澜壮阔的革命历史,展示了江苏红色文化资源的丰富谱系,彰显了周恩来精神、雨花英烈精神、新四军铁军精神和淮海战役精神等最具江苏特色的四种革命精神。

关于江苏丰富的革命文物资源及红色资源,以及江苏革命文物保护与红色资源活化利用的主要做法及优秀案例,前文已有所论及。毋庸置疑,在革命文物保护和红色资源的活化利用方面,江苏依然走在全国前列,取得了一系列令人瞩目的成绩。但在活化利用的过程中,依然面临着许多挑战。这些问题亟须厘清,困难有待解决。从根本上来说,革命文物保护及红色资源活化利用,最终要实现的目的大致可以分为三个方面:加强革命文物的保护,弘扬红色精神文化;讲好革命故事,加强爱国主义教育;发展红色旅游,促进经济发展,实现社会效益和经济效益的统一。因此,探讨江苏革命文物保护与红色资源活化利用的路径,需要从保护革命文物及弘扬红色精神文化的路径、结合高校思政教育和社会教育的路径,以及助推文旅融合,助力经济发展的路径三个角度切入。

第一节　保护革命文物　弘扬红色精神文化

习近平总书记高度重视革命文化传承和建设,2021年2月20日,他在党史学习教育动员大会上提到:"中国革命历史是最好的营养剂,重温这部伟大历史能够受到党的初心使命、性质宗旨、理想信念的生动教育"。① 中华民族的革命文化,是流淌在中华民族的血液中的,最终凝聚在革命文物上。因此,要保护、传承和发扬革命文化,第一步就需要保护好革命文物。

一、梳理资源家当,开展调查认定

革命文物保护利用的主要任务之一是"夯实革命文物基础工作……加强对革命文物和革命文献档案史料、口述资料的调查征集工作,做好馆藏革命文物的认定、定级、建账和建档工作"②。为贯彻落实中央办公厅、国务院办公厅《关于实施革命文物保护利用工程(2018—2022 年)的意见》,按照国家文物局《关于开展革命文物名录公布工作的通知》要求,江苏省文化和旅游厅、省文物局对全省范围内不可移动革命文物和国有可移动革命文物进行了筛选、核定,并征求江苏省委宣传部、省委党史工作办公室、省退役军人事务厅等部门意见,形成第一批江苏省革命文物名录,于 2021 年 4 月 22 日公布。2022 年 7 月 1 日,又根据中央宣传部、国家文物局《关于持续开展革命文物名录公布工作的通知》要求,公布第二批江苏省革命文物名录。

红色地名是中国革命历史和红色文化的象征,记录了党领

---

① 习近平:《在党史学习教育动员大会上的讲话》,求是网,2021 年 3 月 31 日,http://www.qstheory.cn/dukan/qs/2021-03/31/c_1127274518.htm。

② 《中共中央办公厅、国务院办公厅印发〈关于实施革命文物保护利用工程(2018—2022 年)的意见〉》,中华人民共和国中央人民政府网,https://www.gov.cn/zhengce/2018-07/29/content_5310268.htm。

导人民英勇奋斗的峥嵘岁月,激励和引导广大人民群众凝心聚力、砥砺奋进。2021 年 6 月、2022 年 6 月,江苏首批 100 个红色地名、第二批 100 个红色地名也相继公布。梅园新村、雨花台烈士陵园、张闻天陈列馆、新四军第一支队司令部旧址、云台山抗日烈士陵园、新安旅行团历史陈列馆等,一个个饱含历史风云的红色地名,成为镌刻在江苏大地上的红色印记,成为江苏人民一笔宝贵的红色财富。

以此为基础,2021 年 6 月,南京市公布了第一批革命文物名录,共计 58 处不可移动革命文物,4279 件/套可移动革命文物。此次公布的革命文物名录全部为红色文化遗产,类型为重要革命机构旧址、重要历史事件及人物活动地、革命领导人故(旧)居、烈士陵园、纪念设施、文物藏品等。其中,雨花台烈士陵园、中国共产党代表团办事处旧址(梅园新村)、新四军第一支队司令部旧址、南京长江大桥等都名列其中。2021 年 6 月、2023 年 8 月,苏州市先后发布了第一、第二批红色地名名录,包括中共苏州独立支部旧址等重要机构旧址类地名,重大历史事件发生地类地名,以及革命遗址和纪念地类地名等。

除上述两批次革命文物名录外,江苏省还有大批丰富的革命文物和红色资源仍需进一步地调查和认定,因此进一步加强研究十分必要。这也是强化革命文物保护责任,提升革命文物保护利用水平,切实把革命文物保护好、管理好、运用好的前提。这些调查、认定工作需要从政府层面宏观规划,提供在政策、资金、智力、人才等方面的支持。比如联合高校、科研院所等研究机构,采取文物课题项目等形式,鼓励研究者对革命文物及红色资源的内涵、概念界定、价值深挖、征集策略等方面进行研究。

二、深挖资源内涵,做好资源整合

江苏省内的革命文物及红色资源脉络清晰,聚集度高,可以有效达到集聚效应。江苏省政府管理部门应该组织力量系统梳理地方红色资源的情况,构建江苏省革命文物及红色资源的常态化研究平台。如此才能摸清自己的家底和特色,做到对江苏省内各个地区的革命文物及红色资源情况心中有数,并实现进一步深挖资源内涵。

深度挖掘丰富多样的红色资源精神内涵,有助于在江苏省打造内容突出、特色鲜明、形式多样的红色教育品牌产品。例如可以将革命文物、红色资源与大中小学思想政治教育融合,通过思想政治教育工作的开展,实现二者之间价值的相互转化。将红色资源转化为红色教育的素材,在发挥其育人价值的过程中,也借用思想政治教育研究工作,拓展其内涵。资源是有限的,要变有限为无限,就需要搜集革命场所、文物的相关资料、故事,并对其进行有效整理和分类。同时要求塑造一支业务能力强的研究队伍,对这些已搜集到的文物所承载的信息进行深入挖掘、分析。

为此,江苏省政府需要搭建江苏省红色资源的常态化研究平台,集中研究力量深挖革命文物及红色资源的精神内涵。投入资金,支持高校、文物工作者及博物馆从业人员对革命文物及红色资源的理论研究,例如可开展长期或短期培训班、高校深造等人才培养计划,和高校、文博机构进行合作,进行知识培训,从政策法规、理论研讨和实践操作入手,加强文物工作者尤其是一线工作者对革命文物、红色资源概念的理解,提高对革命文物工作的认识。积极组织和参与各种纪念、宣传和研究活动,挖掘和整理革命先辈丰富而深刻的革命思想,研究和宣传他们的生平业绩,宣传和弘扬革命先辈的崇高精神,为经济社会发展提供强大的价值引领力、文化凝聚力和精神推动力。

　　一般来说,革命文物及红色资源的整合一般有两种形式。第一种是从文物本身的类型出发,将属于同类历史事件和同一重要的历史革命人物相关的资源进行整合;第二种是以空间为划分标准,将同一地区的革命文物及红色资源进行整合。随着近年来行业博物馆的兴起,行业博物馆也成为收藏革命文物的重要阵地,因此革命文物及红色资源的整合应该拓宽思路,而不仅仅限制在综合类博物馆或者革命类的纪念馆。

　　进入信息化时代,文物数字化对于革命文物资源整合格外重要,需要搭建平台及时更新文物信息。一方面,革命文物及红色资源存在同质现象。不同地区的革命文物和红色资源存在某种关联。某个类型的文物可能在某些地区数量很少,但是对其他地区来说,可能可以形成一个完整的系列,讲述一个完整的故事,丰富一个展陈。但是因为没有及时更新文物信息,导致需要它的场馆和展陈并没有获悉其具体信息。因而建立地方性的联合目录十分必要,要力争收集齐全、查漏补缺,构建一个资源完善的数据平台,共建共享。同时要避免重复性工作,同一件文物信息争取完整。从江苏省政府管理相关部门层面,推动搭建江苏省革命文物及红色资源信息共享平台,及时在管理平台录入并动态更新文物信息,扎实做好革命历史类馆藏文物定级和革命文物保护利用工作。从地方上来说,实行多方共建,促进协同发力。建立联合目录,除了查漏补缺之外,还有一个重要的作用,就是在无形中给革命文物及红色资源的调查、认定工作设置了一个公共监督平台。时至今日,革命文物的概念仍然有不明晰的地方。因此政府管理人员及文博工作人员在对革命文物的认定上不免存在疑惑。构建一个联合目录并及时公布于众,有利于全社会范围内的监督。同时也能发动社会对什么是革命文物进行讨论和辨别,无形中既推动了革命文物概念的界定,又是一种良好的扩大革命文物及红色资源影响力的途径。联合目录的设立,也是为实现革命文物及红色资源的整合做基础工作。

目前,虽然通过文物普查等工作的全方位、多次数开展,我国革命文物家底业已基本摸清。但全国性的革命文物信息资料共享平台尚未搭建,在网上查询完整的全国文物普查信息仍然难以实现,不利于有效利用革命文物和红色资源。数字化建设的必要性应该得到有关部门的重视。建设全省范围内的革命文物及红色资源信息开放共享平台,推动博物馆、纪念馆的信息化建设,才能真正实现科学、高效地开发利用革命文物及红色资源。

革命文物及红色资源管理平台的搭建,需要科学规划。一个理想中的资源信息管理平台,应该能够实现可个性化检索的功能。例如,不仅可以实现分地区搜索,还能实现分历史时段、历史事件、历史人物等搜索。同时为了能够实现革命文物及红色资源的整合,应该要确保该平台能够实现关联度搜索,实现搜索的精准、快捷。这种个性化检索的实现,是建立在对革命文物和红色资源本身的准确把握基础之上的。这种搜索也利于革命文物及红色资源开发利用工作的展开,是其基础和前提。

三、创新保护利用体制机制,加大文物保护力度和资金投入

完善的政策体系是革命文物保护及红色资源高质量发展、活化利用的根本保障。从法律层面看,国家层级的保护革命文物和红色资源的法律法规有《中华人民共和国文物保护法》《中华人民共和国英雄烈士保护法》《中华人民共和国非物质文化遗产法》《历史文化名城名镇名村保护条例》等,江苏省层面的有《江苏省文物保护条例》《江苏省红色旅游发展规划(2017—2020)》《红色旅游景区服务规范》等法律法规,地方层面则有《淮安市周恩来纪念地保护条例》《盐城市革命遗址和纪念设施保护条例》等。这些法律法规为保护革命文物和红色资源提供了法律保障。但同时也存在着规定笼统、操作性不足等问题,并由此导致在实际的革命文物和红色资源保护工作中无法快速、有效解决问题。

因此,江苏省需要进一步细化相关法律法规、完善条文内

容,加强革命文物保护及红色资源保护与开发的立法保护,才能真正实现法律层面的科学有效的统筹指导。例如可以加快推进制定《江苏省革命遗址文物保护条例》《江苏省红色文化保护传承条例》。法律具有强制性,一旦将江苏革命遗址、文物保护工作上升到法律高度,革命文物及红色资源保护利用工作会更得心应手。此外,在地方上鼓励各地方制定针对性强、有地域特色的地方性法律法规,推广优秀经验。以南京市为例,南京注重从颁布保护条例和强化保护意识上双管齐下。根据《中华人民共和国文物保护法》《中华人民共和国英雄烈士保护法》等相关法律法规,南京市结合实际,颁布了《南京市红色文化资源保护利用条例》,明确各层级、各类型单位的保护职责,对系统保护、长期传承、合力利用、充分展示南京红色文化资源作出专门规范。同时,加大对革命遗址、革命文物的宣传力度,将保护意识潜移默化地植入普通民众意识中,并尤其注重从青少年儿童开始培养、加强保护意识。例如南京市党史部联合教育部门共同编纂出版《烙印——南京红色文化故事(青少版)》。

虽然我国已经高度重视革命文物及红色资源保护的工作,但是目前仍存在一些博物馆对革命文物征集重视不够的现象,特别是不少省级综合馆长期不重视革命文物征集,有的馆甚至没有革命文物入藏。有些博物馆、纪念馆则缺乏长远的征集目标和短期的征集计划。在一些人眼里,近现代特别是当代的东西需要进行历史沉淀,价值不高,自然不能达到进入博物馆的门槛。结果随着社会前进的步伐加快,一些革命文物加速流散和消失,征集工作难度随之增大。与此同时,传统的文物征集方式遇到挑战,馆际交换名存实亡,文物移交困难重重。受上述因素影响,加之城乡建设加速、重大工程实施,不少具有重要价值的实物资料正在加速消亡,抢救保护工作日趋紧迫,刻不容缓。

作为中国传统文化的重要载体和典藏场所,应该更好地发挥革命文物的教育功能,帮助观众认识过去的中国,激发爱国热情。挖掘和梳理革命文物资源,是发挥革命文物教育功能的重要前提,是利用革命文物资源的基础工作。博物馆、纪念馆的重要工作之一,就是不断挖掘和梳理革命文物资源。有别于其他馆藏文物研究更注重年代、文物材质的艺术价值等特质,革命文物因为其不过百余年的历史特性,更在于其历史性及现实意义。深入挖掘革命文物背后的故事,揭示其承载的伟大精神,构建革命人物与观众间的精神沟通桥梁。

当然,革命遗址、革命文物的保护现状,与投入力度密切相关。例如南京条约史料陈列馆、太平天国历史博物馆、孙中山纪念馆、雨花台烈士陵园、王荷波纪念馆、侵华日军南京大屠杀遇难同胞纪念馆、中国共产党代表团梅园新村纪念馆、渡江胜利纪念馆、南京党史综合设施等,都是将革命遗址建成专题博物馆、纪念馆,才使其得到良好的保护,发挥了很好的教育功能。

做好革命文物的保护修缮工作,盘活"红色家底"。文物的保护修缮工作需要持续的大量的人力、财力的投入。从人力方面而言,要求长期跟踪做好革命文物现状记录,除客观记录现状外,还需及时发现病害的微小变化。为了防止文物本体遭受损

图 5.1 溧高县抗日民主政府大会堂纪念馆旧址复原

害,需组织人力及时处理病害。从财力方面而言,需要争取保护修缮资金的持续投入,以解决革命文物保护工作的后顾之忧。例如 2019 年,雨花台历史纪念馆启动馆藏纸质文物保护修复项目,运用现代化的技术手段,修复了雨花烈士贺瑞麟的《死前日记》,使这本洋溢着革命者大无畏牺牲精神和对党无限忠诚的日记得以"重见天日"。

革命文物及红色资源的保护在体制机制上的创新,还体现在让公众参与到革命文物的保护利用工作中来。随着社会大众对参观博物馆、纪念馆的热情不断高涨,公众也逐渐培养和增强了文物保护意识。虽然目前来说,我国在文物保护领域仍以政府、机构为主体,但是公众参与的作用也在日益体现。应该相信,随着文物保护方面的知识不断更新和完善,公众终究会成为文物保护利用的重要力量。"自上而下"与"自下而上"模式相结合,多元主体共同参与,更有利于文物保护工作的开展。

革命文物保护和弘扬红色文化,是实现活化利用的基础和前提。综合来看,为实现这个目标,江苏政府部门需要组织对地方百年党史文物、文献、档案、史料等进行调查,加大对革命文物及"四史"相关见证物的征集力度,定期排查全省革命遗址遗迹、纪念设施、文物藏品等,分批次公布地方革命文物名录,切实

图5.2　苏州五卅路历史文化街区保护修缮及改造更新工程

加强红色资源的系统保护,推进革命文物资源信息开放共享。推动相关责任部门完善各级地方红色资源的保护、利用和开发。持续不间断地实施革命旧址维修保护、馆藏革命文物保护修复、革命文物集中连片保护利用项目等,开展"守护红色基因"不可移动革命文物保护公益行动,切实落实保护责任,加强革命文物的保护和管理。此外,还需要健全革命文物保护的法律法规,为革命文物保护创造良好的法制环境。同时,创新保护利用的体制机制,加大文物保护力度和资金投入,为革命文物保护和活化利用提供更完备的政策体系。

图5.3 苏州五卅路历史文化街区金城新村文控保建筑修缮利用

第二节　讲好革命故事　加强爱国主义教育

党的十八大以来,在中国共产党的带领下,我国脱贫攻坚战已经取得全面胜利,全面建成小康社会。迈入新的历史阶段,如何继承和弘扬爱国主义教育传统、提高民族自信和自尊心是当下亟须解决的课题。我国革命的历史,是由每一个革命历史事件串联起来的。每一件革命文物的背后,都代表着一位革命英雄、一种革命精神。红色资源,代表着我们党走过的辉煌历程、取得的重大成就,展现了我们党的梦想和追求、情怀和担当、牺牲和奉献。将这些特色鲜明的红色资源串联起来,就汇聚成了中国共产党的红色血脉。革命文物,作为百年来中华民族孜孜奋斗、不断进取的见证,直接承载和反映了革命先辈的革命精神和爱国精神,是有效开展爱国主义教育的绝佳题材。2021年3月,由国家文物局、退役军人事务部联合印发的《关于充分用好革命文物资源及烈士纪念设施服务党史学习教育的通知》出台,该《通知》进一步强调"革命博物馆、纪念馆、革命旧址、烈士陵园要加强对革命文物、英雄烈士遗物、革命文献档案史料、口述资料的调查征集工作,深化研究、及时补充体现时代精神的展陈内容,策划推出一批主题突出、导向鲜明、内涵丰富的陈列展览精品,多角度生动展示百年党史"。

一、创新宣传手段,讲好鲜活故事

红色资源中所蕴含的红色文化是社会主义先进文化的重要组成部分,是马克思主义同中华优秀传统文化相结合的产物,在革命、建设和改革的岁月中发挥着积极的作用。"红色文化产生、发展并与时代变化相适应,伴随着中国革命、建设、改革的各个时期,成为人们行动的精神指引。"①党的十八大以来,红色文化传承发展更进入了一个新的阶段。要真正实现革命文物和红色资源在爱国主义教育方面的当代价值,用红色精神来影响人的文化观念和思维心态,需要用新的内容、形态来丰富和发展红色文化资源。只有将红色资源所包含的精神财富,真正融入社会并充分利用,才能使红色精神得到真正的传播与继承。

保护革命文物,弘扬红色精神文化,需要创新宣传手段。博物馆、纪念馆等场所机构,是保藏革命文物及红色文化资源的主要场所。他们的宣传教育模式,直接影响了公众对革命文物及红色文化资源的了解。长期以来我国的博物馆、纪念馆等机构都遵循以报纸、海报、宣传小册等线下宣传教育为主的途径模式,相对比较传统、落后。内容上,大都中规中矩,较为沉闷,甚至有些宣传文字是以说教口吻为主,加之缺少针对不同群体多元方式的有效传播,革命文物的利用与宣传效果和效率往往不尽如人意。革命纪念场所作为进行爱国主义教育和革命传统教

---

① 房红丽、李庆亮:《习近平关于红色文化重要论述的生成逻辑》,《山东农业大学学报(社会科学版)》2023 年第 2 期。

图 5.4　未成年人社会实践基地——苏州禁毒展览馆序厅

育的场所,必须在传统研究、讲解服务的模式之外,结合数字媒体行业日新月异的时代潮流,根据受众群体多样化的特点推出针对性更强的服务。拓宽服务渠道,创新服务模式,让红色文化历久弥新、不断发展,才能吸引观众主动走近,才能更大程度地发挥革命文物爱国主义教育的功能。

随着市场经济的发展,观众的文化、娱乐、教育场所和方式选择更加丰富、多元。当前,5G、VR、大数据、人工智能、元宇宙等新技术、新理念蓬勃发展,趋势不可阻挡。传统媒体在受到新技术的冲击后,也正在积极融入融媒体的新潮流,不断转型,原生态发生巨大的改变。

图5.5　红色革命理论课堂助力乡村文化振兴

面对这种新技术发展的大环境,红色文化传播手段也需要不断更新,在坚持正确的意识形态基础上,求新求变,实现创新发展。江苏省属于经济强省,经济发展水平高,科研技术能力强。新媒体技术在江苏省尤其是苏南地区应用广泛、形式多样。江苏具有借助媒体共融打好宣教"组合拳"的经济、技术条件。在革命文物保护和红色资源的开发利用过程中,江苏省可以借助各类型机构、平台的官方网站、官方微信公众号等,以地方红色资源、地方红色人物精神研究的最新成果为主要发布内容,定期或者不定期地发布信息,以让人们实时了解革命文物和红色资源的相关最新动态。除了在官方平台上做好信息的披露工作外,江苏省还可以鼓励大家主动搜集红色文化素材,通过摄影、短视频、推文、海报等形式,通过微信公众号、小红书、微博、B站、小程序等平台推广。总之深度结合信息化传媒时代,有效利用网络,借助大数据、云计算、物联网等新技术,实现快速、经济地提高红色文化的影响力,形成"网红打卡点",让观众主动参与,并形成有效互动。

同时,线下宣传方式如果能够合理利用,也依然能取得不错的效果。公园、广场等公共娱乐空间,地铁、公交等公共交通,这些都是民众日常生活中会频繁接触的场所和工具。红色教育宣传如果能深入民众的日常生活,可以在潜移默化中收到更好的效果。2021 年 9 月 28 日,南京地铁 4 号线开通"遇见宁——最美大学时光"红色地铁专列,将南京 12 所高校历史上的大事件、校史中的党史故事遍布车身、车厢,让红色精神离观众更近。

二、深度融合,共同探索爱国主义教育模式

在我国近代历史上,爱国热情激励着一代又一代仁人志士孜孜奋斗。在数次命运攸关的历史关头,是爱国精神凝聚力量,激励和鼓舞着中华民族渡过难关。爱国意识,是国家和民族百年文化传承。我国人民的家国情怀,直接体现在民众普遍性地热爱历史文化。这一喜爱,一以贯之,不曾改变。

博物馆作为一个强有力的历史文化载体,内部配备了许多

专业的管理组织人员,可以帮助观众更好地了解学习历史。博物馆有能力集中人力、物力、财力资源,整理革命历史材料、征集革命文物。围绕这些文物和资料资源深入研究和解读,推出具有教育意义的展览,契合民众对历史文化的热爱需要。

爱国主义教育基地是学校及书本之外,对青年学生进行爱国主义教育的有力补充形式。爱国主义教育不应该局限在课堂上、校园里。对学生群体而言,能够走出学校,实地考察,从实物中直观感受历史的温度,是接受爱国主义教育更好的形式。一件革命文物所发挥的作用,要比单纯文字的描述更具有温度和感染力。当条框式的理论变成鲜活的历史再现,学生更易于在社会体验和亲身实践中感受到红色文化的力量。

图 5.6　博物馆中的青少年研学项目

建设爱国主义教育基地,营造爱国文化氛围,让青年学生在博物馆中了解革命先辈的历史,利于让他们铭记过去的历史,增强民族文化认同,并对现实行为起到良好的指引作用。学生在参观博物馆的过程中,能将学习到的历史知识进行对比,了解在各个历史阶段中华民族奋斗的历史,对在我党领导下所取得的巨大进步和成就有更真切的感受,在一定程度上促进青年学生爱国意识的提高和爱国主义情怀的萌芽。

江苏省的革命文物及红色资源在空间上与高校具有较大的重合性。高校思想政治教育对江苏红色资源的搜集较为便利,转化为教学资源具有成本低、成效好、效率高的特点。这是将红色资源与高校思政教育相结合,以发挥其爱国主义教育作用的一大得天独厚的地缘优势。此外,就教育对象本身而言,江苏的红色文化资源与大学生学习生活密切相关。无论是心理上,还是情感上,江苏地区的大学生对红色文化资源承载的精神更容易产生亲近感。

文博单位和高校之间对江苏红色文化资源建设和研究优势互补,也有助于拓宽红色文化资源利用的广度和深度。以高校最多的南京为例,2021年"七一"前夕,南京首张红色文化资源电子地图正式上线,将165处新民主主义革命时期南京红色文化资源点进行了完整、准确的标注。《南京市红色文化资源保护利用条例》也明确要求将红色文化教育融入学校教育内容。南京市动员整合社会各方力量,尤其是以南京地区高校大学生等青年人群为主要对象,搭建"线上+线下"、展示与研究于一体的南京红色文化学习平台,积极开展红色资源的传播推广,成立以雨花台烈士陵园为代表的红色爱国主义教育基地联盟,高校可以借势发力,积极打造红色文化实践教学品牌,搭建实践教学基地,切实提高红色文化资源的利用实效,增强南京红色文化资源的社会效益。

同时对于高校来说,也实现了丰富育人途径、提升育人实效的目的。高校可以利用遍布全省城乡各地的革命遗址旧址、纪念场馆和各级各类爱国主义教育基地,面向广大学生广泛开展思想政治教育、革命传统教育、爱国主义教育。

为此,江苏省可以从融合红色文化资源和高校思政教育的理念出发,推出指导高校增强思想政治教育亲和力和针对性的意见,例如从制度上规定高校要积极组织丰富的地方红色资源文化活动,学生一年中至少参观 1 次市级以上爱国主义教育基地、参加爱国主义教育基地志愿者活动、积极参与爱国主义教育社会调查研究等。高校教师则需要带头走进纪念馆、革命烈士陵园、陈列馆等革命纪念场馆,开展地方红色资源文化研究等,以更好地符合高校思想政治教育的技能要求。同时,教育管理机构应该倡导高校充分利用就近就便的红色教育基地,开展主题党团日参观学习、实地考察等活动,缅怀革命英烈、砥砺初心使命。同时,在重大革命纪念日、红色人物诞辰纪念日和英勇就义、牺牲纪念日等重要时间节点展开纪念活动,会收到事半功倍的效果。高校可以结合重要时间节点组织、承办类型多样、生动活泼的纪念日宣传活动。这样既宣传地方革命文物及红色资源,又能收到良好的爱国主义教育效果。

从文博机构的角度出发,则需要用好用活各级各类党史、党性、廉政教育基地,打造思想政治教育学习实景课堂,因地制宜开展思想政治教育学习培训活动。积极推进红色游学,推出一批红色游学精品线路、红色研学旅游项目,组织开展系列寻访体验活动,让红色景点成为学生聆听革命故事、致敬英雄模范的"打卡地"。

当然,创建地方红色资源融入思政教育平台,将红色资源融入思想政治教育是一项长期工程,这项长期工程要持续有效进行,必须要有地方政府的大力支持,在经费上予以保障;在政策上予以倾斜;要创建平台,调动多部门力量,统筹宣传、党史、文旅、党校和各高校的优势,促进地方红色资源在高校思想政治教育中发挥更大作用。

第三节　发展红色旅游　助力文旅融合发展

一、开发特色品牌产品,促进红色旅游发展

地方红色文化品牌是以地方红色资源的保护与利用为基础,形成的兼具经济效益和社会效益的具有丰富文化内涵的体验产品。创意产业平台就是地方红色文化品牌的产业化和市场化。打造地方红色文化品牌和创意产业平台,对于保护地方红

色资源,推动地方红色文化事业和文化产业的繁荣与发展,提升地方的文化软实力,满足人民群众日益增长的精神文化需求,具有重要意义。

图 5.7 南京李巷已成为红色旅游热门目的地

江苏省需要认真研究省内红色资源的特色和优势,打造各地独具特色的红色文化传承品牌。同时根据当地红色品牌设计符合品牌定位的红色文化创意产品,赋予红色文化创意产品特殊的意义,形成地方红色文化产业链。用好红色"家底",为"强富美高"新江苏建设注入精神动力。周恩来精神、雨花英烈精神、新四军铁军精神和淮海战役精神都是在江苏的土地上孕育的革命精神,江苏省需要进一步深挖这四种精神的内涵,打造一条突出红色革命精神的红色旅游路线。以新四军铁军精神为例,1938 年至 1941 年间,新四军贯彻"向南巩固、向东作战、向北发展"战略方针,挺进苏南、开辟苏北。江苏遍布了他们的足迹。2023 年 5 月,江苏利用这一重大历史事件,整合沿线革命遗址遗迹,设计出了一条以新四军铁军精神为主题的旅游路径。

图 5.8 红色场馆已成为各项教育的首选场所

突出文旅融合,线路涵盖了江苏省 13 个设区市,涉及红色景区和爱国主义教育基地 122 家、各级乡村旅游重点村 5 家、民族品牌企业 4 家,让游客在党史教育中,充分体验和感受江苏红色文化的底蕴和新时代江苏在脱贫攻坚、乡村振兴、生态文明建设等方面取得的可喜成就。循着这一思路,江苏省文化和旅游厅推出了一系列红色旅游产品：面向全国推出 12 条江苏"红色之旅"线路；发布以江苏省内短途游为主的 20 条"永远跟党走"红色旅游精品线路、20 个红色研学旅游项目；启动江苏"百名红色讲解员讲述百年党史"巡回宣讲活动。

针对不同年龄阶段群体，设计不同的红色产品。老年人群体比较适合体力活动少、内容较为修身养性的活动，同时他们对革命历史有着比其他年龄阶段相对深厚的感情。因此可以针对老年人推出一些革命诗歌朗诵、红色歌曲比赛、红色电影鉴赏交流会等项目。中年群体工作繁忙，时间紧张，对他们来说，时间短、高效率是重点。江苏省可以探索建立以故居、纪念馆为核心，通过合理布局，打造点线面结合的红色资源设施群，为其营造浓郁的、特色鲜明的地方红色品牌氛围。此外，还能推出线上产品，使得没有时间到现场感受的人，能足不出户地感受红色文化。当代年轻人热爱情景体验和剧本体验，结合这一特点，可以考虑结合 5G 和 AR 技术，打造适合他们的红色互动项目，如苏州市打造"横泾不夜天"夜间沉浸式体验、《春来迷局》剧本体验等互动体验项目。而面对青少年群体，则根据他们的年龄特点，设计一些将民俗、乡村和科技、研学相结合的项目。2022 年"五一"期间，雨花台历史纪念馆首次推出红色沉浸式剧本《叛逆者》。年轻人通过其喜爱的"剧本杀"模式，与英烈"对话"，更好地感受革命先烈救国救民之路的艰辛和坚定。南京渡江胜利纪念馆则推出"小小红色宣讲员"训练营活动，让青少年成长为红色故事宣讲"小名嘴"，加深其对红色精神的理解和认同。

二、赋能乡村振兴,助力高质量发展

2021 年,文化和旅游部提出鼓励各地大力发展"红色+绿色""红色+乡村""红色+研学""红色+科技"等旅游新业态。旅游是推动经济发展强有力的动力。江苏在推进红色旅游融合发展示范项目建设过程中,将推动革命老区产业振兴、就业增加、收入提高作为目标之一。《江苏省红色旅游融合发展示范项目建设指南(试行)》明确提出,要充分发挥红色旅游在巩固脱贫攻坚成果、融入乡村振兴、促进产业发展、助力实现共同富裕等方面的重要作用。

江苏省的革命文物及红色资源具有资源丰富、分布广泛的特点。从苏南、苏中到苏北,各个地区都分布有丰富的革命文物及红色资源。每个地区虽然革命文物及红色资源分布并不均衡,分布情况不尽相同,有的地区资源内容丰富、类型全面;有的地区资源相对薄弱。但是从全省范围来看,每个城市却都有分布,不存在分布空白区。此外,江苏省内革命文物及红色资源形式多样,载体丰富。重要的机构旧址、会议旧址、重要领导人故居旧居、重要的历史事件及重要战斗的遗址、著名烈士事件及其墓地、纪念碑等,以及相关的革命文物和历史资料,新中国成立后新建的各类纪念设施等,横跨了从 1919 年五四运动时期到 20 世纪 50 年代的社会主义改造时期。江苏是中国近现代史诸多重大事件的发生地,开展过多次农民运动、学生运动、工人运动、武装斗争和地下斗争,这些资源跨度完整,脉络清晰。除了物质性红色资源,还包含与"井冈山精神""长征精神""延安精神"等一脉相承的雨花英烈精神、渡江精神、梅园精神等精神性红色文化。红色文化资源横跨了新民主主义革命全过程。

图 5.9　融合中华优秀传统文化和红色资源的高淳西舍村史馆

从革命遗址遗迹及红色资源分布图,我们可以看出资源所在地区中不乏偏远乡村地区。这些地区离城市中心较远,交通远不如市中心发达,经济发展形式较为单一,经济水平较为落后。而从整体的地理空间布局来看,它们又同时在经济较为发达地区的周末游辐射范围之内,因此具有广大的客户市场潜力。而这些中心城市的居民,也有很强的消费购买能力。因此,江苏省可以统筹规划,抓住文旅深度融合的机遇,融合"红色+乡村"旅游两种模式,红色文化资源与绿色生态资源相结合,创新推出丰富多彩的红色旅游精品路线,将红色旅游景点和美丽乡村旅游、农家乐旅游有效结合,推出红色旅游与生态旅游、民宿旅游、研学旅游、乡村旅游等深度融合的高质量产品和线路,吸引了广大城市居民前去"打卡",实现红色资源开发利用和赋能乡村振兴的双赢。尤其是 2019—2022 年期间疫情形势下,红色旅游愈加呈现周边本地化、"家门口"的常态化旅行趋势,因此有效发挥市区红色旅游重点遗址的辐射作用,在红色资源分布区县规划红色旅游景区,为革命遗址保护拓展空间,可以使革命遗址遗迹得到静态、动态、活态的综合利用。

以南京市为例,南京红色旅游呈现欣欣向荣的良好态势。在线旅游平台发布的《2022 年上半年红色旅游大数据》报告显示,南京跻身上半年全国红色旅游目的地搜索热度第三名,其中高淳、六合、溧水、江宁等区的乡村红色旅游得到显著发展。其中,南京市溧水红色李巷片区融合发展项目为当地进一步提升片区形象、拉动地方经济发展、带动农民增收致富打下了坚实基础。项目运营单位、江苏新华美溧传媒有限公司总经理杨志辉表示,以红色李巷为支点,该项目串点成线、串景成片,联动起片区内的周园、阡陌花开、石山下等文旅资源,实现了红色研学、农事实践(采摘园)、工业参观(蓝莓产业)的一体化服务。自2017 年红色李巷开村以来,片区接待参观者总量已超 100 万人次。溧阳红色水西片区位于溧阳市竹箦镇,北至瓦屋山风景旅游片区,东至塘马水库,南至南荡北荡,西至宁杭生态森林长廊区域,辐射周边约 105 平方公里范围。该片区红色资源集聚、红色旅游产品丰富、旅游服务设施完善、红色旅游管理规范、红色文化影响力强,入选了第一批江苏省红色旅游融合发展示范项目名单。在水西村,以新四军江南指挥部司令部旧址为首的 12 个特色景点、1.8 万多件陈列品,每年吸引着 70 多万人次的客流。生活在这里的水西村民借着红色旅游的势头,开起农家乐、捧上聚宝盆。这是江苏大力助推乡村振兴和共同富裕的有效路径。

综上所述,红色资源作为一种宝贵财富,凝聚着中华民族在中国共产党的带领下由危亡转向新生、进一步迈向辉煌的坚实力量,具有深厚的历史底蕴和丰富的价值意蕴。尤其是作为红色教育载体的红色资源,是集多种功能价值于一体的独特而宝贵的当代历史文化遗产,它体现着中华民族特有的精神价值、思维方式和中华民族的想象力、创造力与活力,以及当代所继承的为人民服务、持之以恒、求真务实、不怕牺牲、积极向上等优秀精神品质。这些优秀精神品质不仅在革命岁月里激励了无数为理想而浴血奋战的战士,在进行美好社会主义建设的今天,这些精神文化也激励着新时代有志青年不断推进社会主义现代化建设。总而言之,红色资源融合了中国共产党人的精神谱系和中华民族的优秀精神品质,是我们实现中华民族伟大复兴历史使命不可或缺的营养剂。

保护革命文物、弘扬红色精神文化,促进爱国主义教育和促进经济发展三者之间实际上是相互关联、相互促进的关系。它们是不可分割的一个整体。如何使高校学生更好地理解和接受地方红色资源的思想政治教育价值和内涵,不仅需要地方政府的大力扶持、科学合理的规划,高校的积极配合和实施,同样也需要相关职能部门加大地方红色文化的宣传力度,开发多层次、全方位、大众化的红色文化产品,打造独具特色的地方红色文化品牌,共同培育地方红色资源的整体形象,使地方红色资源得到价值升华,同时也能更好地融入高校思想政治教育之中。保护革命文物、弘扬红色精神文化,需要依托纪念场馆,筑牢宣传主阵地。而这两者的实现最终都需要坚实的经济基础、庞大的财政支出做基础。因此拥有红色资源可以发展旅游、促进经济发展,同时经济发展又能反哺革命文物及红色资源的保护利用工作。

　　红色资源根植于地方,拥有得天独厚的区域特色。资源的丰富性、内容的原创性、分布的广泛性和历史见证性不仅使其具有思想政治教育的育人导向价值,还能转化为经济价值和社会效益。打造具有地方特色的红色文化品牌和创意产业平台,并借助红色品牌和创意产业平台的吸引力和知名度,也可以反哺思想政治教育功能。很多大学生因为喜欢红色文创产品而去了解红色文化品牌背后的故事,从而受到地方红色文化教育的影响。这说明地方红色文化品牌和产业也具有一定的育人价值。当下,地方红色文化品牌的塑造和红色创意产业的开发不仅是地方红色资源转化和提升的重要途径,也是促进地方红色资源融入思想政治教育的重要方式。可以期待,在新时代各级各类红色资源必将发挥其独特的教育功能,传承红色基因,坚定文化自信,进而有效推进社会主义文化建设。

参考文献

李晓东:《中国保护近现代文物理论与实践》,《中国文物科学研究》2008 年第 3 期。

于珍、孟国祥:《江苏革命遗址的保护和利用》,《档案与建设》2012 年第 1 期。

盛璆:《上饶市革命遗址保护和利用的几点思考》,《党史文苑》2013 年第 12 期。

蒋晓星:《南京革命历史文化已生产现状分析及保护利用研究》,中共中央党史研究室宣教局:《第二届全国党史文化论坛文集(第 2 册)党史文化与遵义会议精神研究》,2015 年。

朱廷水:《革命旧址保护利用方面存在的突出问题及对策研究——以福建省龙岩市革命旧址为例》,《南方文物》2018 年第 3 期。

王苏淮:《革命旧址类纪念馆的房屋保护与利用》,《文物鉴定与鉴赏》2018 年第 17 期。

韩洪泉:《长征革命文物述略——基于物质文化遗产的视角》,《中国文物科学研究》2019 年第 2 期。

童本勤、吴伟:《南京红色文化资源的挖掘和利用》,《唯实》2019 年第 7 期。

卢世主、朱昱:《革命文物保护利用研究的现状与进展》,《江西师范大学学报(哲学社会科学版)》2020 年第 6 期。

张蓉:《"五红育人":红色文化资源融入高校思想政治教育的重要理路》,《浙江理工大学学报(社会科学版)》2021 年第 5 期。

郑洁、苏雅雯:《红色文化资源融入高校思政课的内在逻辑、价值意蕴与实践路径》,《思想政治课研究》2022 年第 6 期。

杨海龄、张婉颖:《革命文物档案的活化利用——新时期雨花台烈士纪念馆展陈工作回顾》,《档案与建设》2022 年第 10 期。

张天华、李莲:《推进红色资源与大中小学思政课有机融合》,《中国社会科学报》2022 年 11 月 11 日。

李珍珍、张辛欣:《红色文化资源赋能乡村振兴的多维价值与实现路径——基于湖南地区的调查研究》,《湖南社会科学》2023 年第 3 期。

王洋、李玉兰、胡晓军:《共话革命文物保护》,《光明日报》2023 年 5 月 10 日。

吴丹:《用好红色资源开好"大思政课"》,《人民日报》2023 年 6 月 8 日。

后　　记

　　本书是魏星作为南京市"五个一批"文化人才获得的2022 年度专项资助项目成果之一。参加本书章节部分撰写的还有南京市博物总馆陈曦、陈丽雯、胡亚春、刘宁、罗茵、王懿静、巫骁、曾蓓,山西博物院杨立群。此外,魏星拟定了全书框架,对全书进行了统稿,并对部分章节内容作了较大的调整和改动。

　　南京大学朱庆葆教授一直关注和支持本书的撰写工作,并欣然为本书作序。在本书的写作和出版过程中,得到了南京大学新中国史研究院、南京社会科学院、南京城墙博物馆、浙江省博物馆(浙江革命历史纪念馆)、中共南京市委宣传部、中共南京市委党史工作办公室、中共南京市委党校等多位专家学者的建议以及人民出版社詹夺博士的帮助。南京晓庄学院江苏红色文化资源保护利用研究中心也为本书的出版给予了大力支持,在此一并表示感谢！

由于水平所限和时间紧迫，疏漏之处在所难免，敬请批评指正。

南京晓庄学院江苏红色文化资源保护利用研究中心

2023 年 8 月

责任编辑:詹　夺

封面设计:姚　菲

图书在版编目(CIP)数据

江苏革命文物保护和红色资源活化利用/魏星 著. —北京:
　人民出版社,2024.4
ISBN 978－7－01－026364－9

Ⅰ.①江…　Ⅱ.①魏…　Ⅲ.①革命文物-文物保护-研究-江苏
　Ⅳ.①K871.6

中国国家版本馆 CIP 数据核字(2024)第 042705 号

江苏革命文物保护和红色资源活化利用

JIANGSU GEMING WENWU BAOHU HE HONGSE ZIYUAN HUOHUA LIYONG

魏　星　著

人 民 出 版 社　出版发行
(100706　北京市东城区隆福寺街 99 号)

北京中科印刷有限公司印刷　新华书店经销

2024 年 4 月第 1 版　2024 年 4 月北京第 1 次印刷
开本:880 毫米×1230 毫米 1/32　印张:6.75
字数:134 千字

ISBN 978－7－01－026364－9　定价:79.00 元

邮购地址 100706　北京市东城区隆福寺街 99 号
人民东方图书销售中心　电话 (010)65250042　65289539